JN061621

後悔しない住まいづくり

改訂増補版

住まいの耐久性

大百科事典

I

一般社団法人 住まいの屋根換気壁通気研究会　編

はじめに

　日本の木造住宅の平均的な寿命（取り壊されるまでの築後年数）はかつておよそ30年とされてきました。これは米国や英国の住宅に比べると半分以下です。このような更新サイクルでは、たとえ建物の使用中に屋根や外壁に多少の雨水浸入や劣化が起きても、そのうちに壊して建て替えるのだから、という観点から、ややもすれば軽視されてきました。

　しかし、2009年の長期優良住宅の促進等に関する法律の制定に代表されるように、近年、我が国でも住宅の長寿命化への動きが急速に加速しており、今や住宅に想定する寿命は100年が当たり前の時代になりつつあります。これに伴って住宅に要求される性能も大きく変わっています。

　100年の間には大地震に遭遇するかもしれず、それに耐える構造性能が必要です。ランニングコストも多大になるため、省エネ性能もとても重要になります。

　しかし、それらを適切に発揮するためには、何よりも建物本体が各種の劣化外力に対して健全性を維持すること、すなわち耐久性能が最重要課題になります。

　耐久性能に関していえば、木材にはコンクリートや鉄などにはない生物劣化の問題があります。腐朽菌やシロアリによる劣化です。このうちシロアリ被害は地域により異なり、また、防護手段もありますが、腐朽菌はいたるところに存在し、生育条件さえ整えば木材を腐朽させるため、より深刻な問題となっています。

　腐朽対策のカギになるのが水分制御です。腐朽菌は木材中に液状の水がなければ生育できません。生物劣化への対策として薬剤を用いる方法がありますが、効果が持続する期間も限られ、人体や周辺環境への影響も問題です。木材を濡らさないようにすることが、木造住宅の耐久性を高めるポイントで、そのために重要になる要素が屋根や外壁などの建物

外皮における通気です。

建物の内外を仕切る外皮には、外部からの風雨の作用による雨水浸入や、屋内外から浸入する湿気が結露する問題があります。これらの水分を適切に排出し、内部の木材を乾燥状態に保つことが外皮内通気の役割です。

特に最近の住宅デザインのトレンドであるキューブ形住宅、軒ゼロや片流れ屋根など、雨対策に課題が多い形態の住宅や、高気密・高断熱が進み、想定外の浸水に対して乾燥しづらくなっている住宅では、外皮内通気の重要性はますます高まっています。

私たち、一般社団法人「住まいの屋根換気壁通気研究会」は、住宅の小屋裏換気、壁内通気に関わる調査研究を通じて木造住宅の耐久性向上を実現することを目的に掲げて、2014年に設立されました。木造住宅の耐久性と外皮仕様の関連性を主要な研究課題とする日本で唯一の団体です。メンバーは建築構法分野、建築環境分野の学識経験者に加え、住宅設計、住宅性能評価・検査、木造住宅および外皮部材の供給および施工に携わる実務者の個人および法人から構成されています。

当研究会では、国土交通省住宅・建築技術高度化事業による外皮内通気効果の実大実証棟検証実験等の研究を行うかたわら、設立以来ほぼ毎月、住宅の耐久性に関する各種のテーマについて、メンバーによる勉強会を実施し、その回数はすでに40回を超えました。勉強会での討論のキーワードの中から、長持ち住宅を実現する上でぜひ知っておきたい事柄や、住宅や外皮に関する基礎知識を拾い上げ、解説を加えて耐久性の手引書として取りまとめたものが本書です。研究会の活動を通じて社会に貢献する一環として出版を企画しました。

拾い上げたキーワードは原理面から実務面まで多数に上り、今回の出版では収録を見送ったものもあります。特に実際の工事で問題となる部位のおさまりや部材については紙数の関係で割愛せざるを得ませんでした。これらについては引き続き次回以降の出版を予定しています。

特に本書を役立てていただきたい読者としては、下記のような方々を考えています。

- 現在、住まいづくりを検討中のお施主様
- 将来、戸建住宅の取得を考えている方
- ハウスメーカーで営業を担当されている方
- 木造住宅の設計、工事管理に携わっている方
- 大学で建築、住居を学んでいる学生の皆様

　本書が耐久性に優れた家づくりの一助となり、日本の住宅の長寿命化に役立つことを願っています。

　　　　　　　　　　　　　一般社団法人 住まいの屋根換気壁通気研究会

目　次

第4章　木造住宅の基礎知識（骨組み編）

第5章　木造住宅の基礎知識（外装仕上げ編）

第11章　木造住宅の耐久性向上への取り組み

資料編

資料Ⅰ　小屋裏換気

資料Ⅱ　住宅外装に用いられる金属部材の腐食事例と実験例

第 1 章

そもそもを知る

防水と雨仕舞

雨漏りが起こる条件

建物で雨漏りが起きるための条件は、

1. 雨水が通り抜ける孔（隙間）が存在すること。
2. 孔の周りに雨水が存在すること。
3. 孔を通して雨水が移動するための力が働くこと。

この3つがすべてそろうことです。このうちどれか一つでも無くせば雨漏りは起きません。このうち、水を止めるのに有効な材料を用いて孔をふさいで雨漏りを防ぐのがいわゆる防水です。

しかし、孔をふさがなくても、孔の周りに雨水を近づけないようにすること、孔を通して雨水を移動させる力を働かないようにするか、雨水の移動が起きても途中まででそれ以上進まないように孔の位置や形状、寸法を工夫することで雨漏りを防ぐことができます。

現在のように防水材料が普及するずっと前から行われてきた建物の雨対策は主にこの方法であり、これが雨仕舞と呼ばれます。

建築構法として定義する防水と雨仕舞

建築構法として定義すると、防水は建物外面に不透水性の連続面を形成することです。この目的に用いられるのが各種の防水層やシーリング材です。一方、雨仕舞は、雨水を近づけない、入り込ませないように、部位の形態、部材の配置と組み合わせを選択することです。たとえば、軒の出を十分大きくして壁面の雨がかりを防ぐとか、屋根勾配を適切にとり、屋根葺き材を十分に重ねるなどがそれにあたります。これによって、部材と部材の間が不連続であっても雨水を適切に処理することが可能になります。

防水は全ての水を止める技術

　防水は雨だけでなく全ての水を止める技術なので床、地下、水槽、プールなどにも適用でき、建物の利用価値を高めることができます。また、フラットルーフやシームレスの壁面など、自由なデザインを可能にします。その一方で防水の成否は施工の技量、施工環境に左右され、高度な工事管理が必須です。また、防水は、基本的に木造など、動きの大きい下地への適用に不向きで、有機質である防水材料の耐用年数は比較的短く、頻繁なメンテナンスが不可欠であることも問題です。

表 1-1　雨を防ぐ技術としての防水と雨仕舞の対比

区分	防水	雨仕舞
効用	水を止める単一の機能。	止水、汚れ防止、劣化軽減を含む。
適用	屋根、外壁、床、地下、水槽。	屋根、外壁。
防雨性能	想定する風雨の負荷に限界は無い。	風雨の負荷に応じた有効性の限界がある。
意匠	いかなる建築形態にも適用可能。	建物の外観に反映する。
信頼性	施工技術と工事管理次第。	施工技術や環境に比較的左右されない。
耐久性	材料の耐用年数は比較的短い。	耐候性がある材料で構成され、長期間同じ性能が期待できる。
メンテナンス	頻繁なメンテナンスが必須。	メンテナンス頻度は比較的低い。ホコリの詰まりへの対策が必要
挙動の影響	動きが大きい下地に適用しにくい。	影響を受けにくい。
湿気の遮断	下地の乾燥を妨げやすい。	隙間から湿気を逃がしやすい。

雨仕舞は建物の意匠を限定する面がある

　雨仕舞は、屋根に勾配がある、壁から軒が出る、壁面に水切りのラインがあらわれる、など建物の意匠を限定する面があり、雨を防ぐ能力についても部位や納まりの形態・寸法から定まる限界があります。しかしその反面、性能が施工技術や環境に左右されることが少なく、また、一

般におさまりを耐久性の高い素材だけで構成することが可能なため、長期間同じ性能を維持できます。防水の問題である下地の挙動の影響や、湿気の遮断の問題もないことから、木造建物に適した面が多いと言えます。

表1-1は、いろいろな視点から2つの技術の特徴を対比して示しています。

蒸暑気候

蒸暑気候とは？

文字通り「蒸し暑い」気候のことです。不快な蒸し暑さは、かつては不快指数（気温や湿度の関数）で表していましたが、最近では「暑さ指数」（湿球黒球温度：気温と湿度に放射熱も加味して作った温度の単位を持つ指数）を用いています。しかし、蒸暑気候とはこのような定量指標に基づいて定義がなされた用語ではありません。また、気候学の分野では、ケッペンの気候区分の熱帯雨林気候やステップ気候のように、その土地の植生や気温、降水量を判断指標とした気候区分が行われていますが、蒸暑気候はそのような気候学の用語でもありません。

写真 1-1
（室内気候研究所社 HP より）

蒸暑気候は建築分野の専門用語

　蒸暑気候は、日本の建築環境工学や建築設計の分野において用いられる独特の用語です。つまり、日本の本州の一部（東北地方など）と北海道を除いた地域では、夏に太平洋高気圧におおわれると、非常に蒸し暑い（例えば、一日の最高気温が30℃以上、相対湿度が60%以上）日々が何日も継続しますが、このような気候的な特徴を表現するために使われています。日本の建築環境工学や建築設計の分野では、このような蒸し暑くて不快な日々、つまり、蒸暑気候と感じられる日々に対する建築的な対策は何かという文脈で研究を行ったり、設計を論じたりしているのです。

　建物の耐久性に関連して、夏が蒸し暑いことで注意しなければならいことは、夏でも結露リスクが高くなる建築部位が発生することです。それは、冷房や地盤温度が原因となる相対的な低温によるものです。

　例えば、床下空間（床断熱でかつ換気口がある）では日が全く当たり

15

第1章　そもそもを知る

ませんので、その温度は地盤温度の影響を受けて、春から夏にかけて外気温より1、2℃は低い状態が続きます。ですから、床下空間が良く換気されている建物ほど水蒸気圧は外気のそれに近くなり、床下空間での結露リスクは高まります。

熱の移動

熱の移動には３種類ある

熱の移動には、「伝導」、「対流」、「放射」の３種類の現象が存在します。

伝導とは？

熱伝導は、固体においても流体（液体と気体）においても生じます。熱伝導とは、物質を構成する原子の振動が伝わったり、伝導電子がエネルギーを運んだりして（金属において顕著）、熱エネルギーが温度の高い部分から低い部分へ運ばれる現象です。断面積あたり運ばれる熱エネルギーは、温度勾配に比例し、その比例定数を熱伝導率といいます。

気体が最も熱伝導率が小さくなります。多くの断熱材は、空気の熱伝導率が小さいことを利用した建材です。

対流とは？

次に、対流による熱移動ですが、これは流体自体が移動する（対流する）ために、流体が保持している熱エネルギーもその流体自体の移動にともなって移動する現象です。流体自体は、圧力差や浮力などが生じれば、運動を始めます（つまり、流れが発生する）。建築のようなメートルサイズの空間では、対流による熱移動は、伝導による熱移動より遥かに大きくなります。

放射とは？

　3番目に、放射による熱移動ですが、これは物質を構成する原子の振動によって発せられた電磁波が空間を伝播し他の物質に熱エネルギーとして吸収される現象です。電磁波は物質が存在しない真空の空間でも伝わり、空気は電磁波を透過させるので、太陽からの電磁波のエネルギーは地球上では日射エネルギーとして降り注ぎます。日射は放射熱伝達の好例といえます。

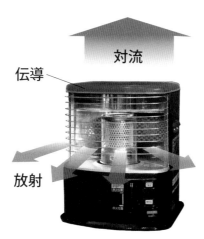

図1-1　熱の移動

見かけの熱伝導率について

　最後に、建材における「見かけの熱伝導率」について補足します。金属やガラスなどの非多孔質材料では、厳密に熱伝導だけで熱が伝わりますが、木材やコンクリート、断熱材などの多孔質材料では、材料中の孔において、熱は伝導ばかりでなく、対流と放射によっても移動しています。よって、その場合の熱伝導率は「見かけの熱伝導率」と称すべきですが、実際は単に「熱伝導率」で通っています。断熱材は、その成分の大半は空気（窒素と酸素が大半）ですが、空気を小さな粒や繊維の間に

閉じ込め、大きな対流が生じないようにして対流による熱移動を抑制し、「見かけの熱伝導率」が空気の熱伝導率に近くなるようにしているのです。

水蒸気拡散（透湿）

▶ 水蒸気は濃度の高いところから低いところへ移動する

木材やコンクリートなどの多孔質な建築材料は、微細な孔が多数あり、液水や水蒸気、空気で満たされています。そのような材料内部において、水蒸気（湿気）は、その濃度が高いところから低いところへと移動する性質があり、その現象を「水蒸気拡散」と言います（「透湿」とも言う）。

▶ 湿気伝導率とは？

水蒸気の濃度は絶対湿度もしくは水蒸気圧で表現できます。従って、材料内部における水蒸気拡散による水蒸気の移動量（断面積あたり）は、絶対湿度もしくは水蒸気圧（両者は「透湿の駆動ポテンシャル」とも称される）の勾配に比例する形で数式化されます。そして、その比例定数は湿気伝導率（「透湿率」とも言う）と称されています。

▶ 湿気伝導率が大きい材料は透湿性が高い

湿気伝導率が大きい材料は透湿性が高い材料であり、繊維系の断熱材（グラスウールなど）や石膏ボードなどが当てはまります。一方、湿気伝導率が小さな材料とは湿気をあまり通さない材料です。合板、金属、ガラス、防湿シートなどが該当します。壁体中の内部結露は、こうした湿気伝導率が大きく異なる材料の誤った組み合わせ方が原因となって発生する場合があるので、内部結露防止の観点からは、材料の湿気伝導率には注意が必要となります。

　なお、木材などの吸放湿性が高い材料では、温度が部分的に高い箇所が発生すると、その箇所の液水の一部が蒸発し水蒸気圧が部分的に高くなります。そうすると、上述の水蒸気拡散によって、水蒸気が温度の低い箇所（水蒸気圧が低い）へ移動します。この現象は、見かけは、温度勾配によって水蒸気が移動するように見えますが、水蒸気が移動する原因としては水蒸気圧勾配であることに変わりありません。

建築における湿気の移動

湿気の移動の2つの現象

　建築物における湿気の移動として考えなければならない現象が2つあります。1つは材料中の水蒸気拡散で、2つめは、換気や室内の対流などにともなって生じる水蒸気の移動です。前者については前項「水蒸気拡散（透湿）」で述べましたので、ここでは後者についてだけ述べます。

　流体自体が移動する（対流する）ために、流体が保持している水蒸気や微小な水滴（これらを湿気と言う）もその流体の移動にともなって移動します。「移流」とも言います。流体自体は、圧力差や浮力などが生じると、運動を始めるのです（つまり、流れが発生する）。

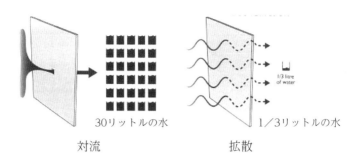

30リットルの水　　　　　　　1／3リットルの水

対流　　　　　　　　　　　拡散

図1-2　建物外皮における湿気の移動
（室内の湿気は水蒸気拡散より漏気によってより多く移動する）
（Building enclosure design guide-wood frame multi-units residential buildings.
（木造集合住宅外皮構法指針）（カナダBritish Columbia州 Home owner protection
office, June 2011 より）

絶対湿度の変化について

　建築のようなメートルサイズの空間においては、対流による湿気移動
の効果が、材料中の水蒸気拡散（透湿）による効果より支配的です。そ
のため、室の絶対湿度は、室での水蒸気発生やエアコンなどによる除湿
が無ければ、外気の絶対湿度とほぼ等しくなります。

　また、室を構成する壁体や家具などは、木材や繊維類、紙類などの吸
放湿性材料で作られていて、水分を含んでいます（あるいは含む能力が
ある）ので、室の絶対湿度の時間変化を遅らせる効果があるのです。

結露
けつ　ろ

▶ 結露とは？

　空気中の水蒸気が凝縮して液体の水になる現象のことです。結露によって液水となった水分は、木材の腐朽や金属の錆の原因となるので、長期間の結露は建築物の耐久性向上の観点からは防止することが必要です。

　建築の中では、様々な原因で結露が発生するリスクが潜んでいますが、結露が発生するためには、必ず継続的な水分（水蒸気）の供給と、周囲よりは温度が相対的に低い部分が必要です。

　つまり、結露が発生する箇所というのは、水蒸気が一定期間連続的に供給されており、なおかつ、温度が周囲より相対的に低くて、その湿り空気の露点以下の温度になる箇所（言い代えれば、飽和水蒸気圧がその湿り空気の水蒸気圧以下になる箇所）なのです。

▶ 冬と夏の結露について

　冬の典型的な結露は、生活などにともなって発生した水蒸気（これが水分の供給源）が室内から壁体や小屋裏空間などに侵入し、侵入してきた場所の温度が低いために発生する結露です。

　夏の結露のメカニズムはいくつかありますが、木材や外装材に含まれる水分が水蒸気の供給源となり、冷房や地盤が低温の原因となることが多いようです（「夏型結露」（P154）参照）。暑くて湿った外気が水蒸気の供給源となる場合もあります。

写真1-2　冬型結露による腐朽 （撮影：鈴木大隆氏）

写真1-3　窓の結露

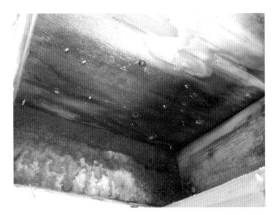

写真1-4　野地板裏面の結露

自然換気

自然換気とは？

　換気とは、建物内部の空気が外の空気と入れ代わることですが、送風機や換気扇などの機械力を用いなくても、自然になされる換気があります。これを自然換気といいます。自然換気には風力換気と温度差換気の２種類があります。

風力換気とは？

　風力換気とは、建物外部で風が吹くと、建物の外側の面で、圧力が不均一になるので、それを原因として発生する換気のことです。風が直に当たる面では圧力が高くなるし、風下面では相対的に圧力が低くなります（これを風圧分布が生じるという）。それゆえ、建物の風上側・風下側に換気口や隙間が存在すれば、それらの間で圧力差が生じて、空気が移動することになるのです（つまり、換気が行われる）。

温度差換気とは？

　温度差換気とは、建物の内部（室）と外部（外気）との温度差が原因となって生じる換気のことです。例えば、冬のケースを想定すると、内部は暖かく外部は寒くなります。両者の温度差が10度以上になることも珍しくありません。この場合、外壁に換気口や隙間などの孔があると、冷たい外気は重いので外壁の下部（地面に近い箇所）の孔から内部（室）へ侵入し、暖かい室内空気は軽いので外壁の上部の孔から外部へ逃げていきます。これが、温度差換気です。

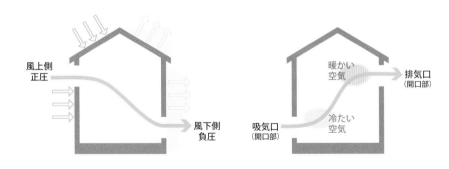

図1-3　風力換気と温度差換気

自然換気は建物の隙間に依存する

　実際の建物では、風力換気と温度差換気が混然となって発生しています。こうした自然換気は、建物の隙間の量と分布に大きく依存することが明らかです。古い日本の木造建物は隙間が多かったので、自然換気による換気量は莫大でした。

第2章

長持ち住宅の
デザインを考える

キューブ型住宅

　キューブ型住宅とは、外観が四角い住宅のことを言います。デザインがシンプルで洗練されていて人気が高いようです。キューブを直訳すると立方体の意味です。

　完全なサイコロのような立方体の住宅はまれで、実際は、大小の立方体が組み合わさったものであったり、屋根がわずかに傾斜していたり、バルコニーが付いているものもあります。

　キューブ型住宅には、雨を軒で避けられないために、壁に直接当たってしまうという問題があります。そのため壁の早期劣化だけでなく雨漏りが発生しやすくなるデメリットがあります。結露で金具がサビてしまったり、カビがはえたりといったトラブル事例もあります。

写真2-1　キューブ型住宅

陸屋根と勾配屋根

木造住宅には見かけだけ陸屋根風のものもある

　傾斜のきわめてゆるやかな、ほぼ水平に近い屋根のことを「陸屋根」といいます。鉄筋コンクリートで作るビルやマンションは通常陸屋根になります。

　木造住宅は傾斜のある勾配屋根が普通ですが、最近は「陸屋根」の住宅もあります。屋上でバーベキューをしたり、屋上庭園ができるなどが陸屋根の人気の理由のようです。

　キューブ型木造住宅では、片流れの勾配屋根の三方にパラペットをつけて「陸屋根風」に仕上げてあるものが多いようですが、これは本来の陸屋根ではありません。

写真2-2　陸屋根

陸屋根のデメリット

　陸屋根にはいくつかのデメリットがあります。最大は、漏水の危険性が高まることです。傾斜がついていないので、雨水がたまりやすく雨漏れになることがあります。屋根と天井とのスペースが少なく小屋裏換気が取りにくいことで結露の危険性もあります。

北側斜線と道路斜線

北側斜線制限とは？

　北側斜線制限とは、北側に隣接した住宅の日当たりに配慮した規制。第一種及び第二種低層住居専用地域と第一種及び第二種中高層住居専用地域内で規制されます。規制の内容は敷地の境界線から垂直に5mまたは10m（高さは地域ごとに地方行政庁によって定められています）上がった先の高さで一定の勾配で引いた斜線の外側への建築を制限するもので、これにより隣地の建物に太陽が当たるように配慮されています。

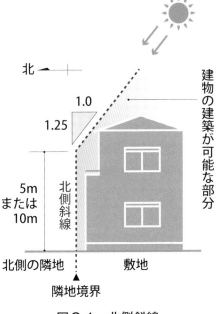

図2-1　北側斜線

道路斜線制限とは？

　道路斜線制限とは、建物の道路に面する一定部分の高さを制限することで、道路自体の採光や通風を確保することを目的としたものです。周辺の建物の採光や通風をも同時に確保することを狙いとしています。この道路斜線制限によって、建物を建てる際は、前面道路からかかる一定勾配の斜線の内側で計画をしなければいけません。

バリアフリー

　耐久性とバリアフリーが関連する項目としてバルコニーとスロープを
あげたいと思います。バルコニーが「またぎ」なしで「掃き出し窓」か
ら出られるような場合、防水の立ち上がりが不足している事例をよくみ
かけます。さらにこの形状を実現するために持ち出し梁の梁せいが不足
するところまで欠き込まれている事例もみられます。

　スロープに関しては特に基礎の真横に設置されるような場合、跳ね
返った雨が土台にあたり、場合によっては中まで漏れてくる事例が考え
られます。

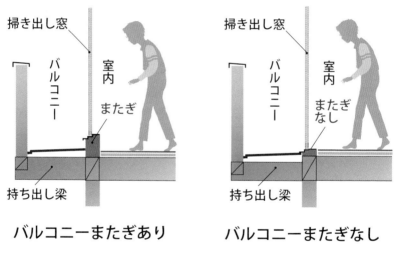

バルコニーまたぎあり　　バルコニーまたぎなし

図2-2　バルコニーのまたぎ

標準仕様書

仕様書とは？

　建築工事において、仕様書は、設計者が施工者に対して、設計図に表すことができない材料の品質や工事の方法の詳細を指示する文書のことです。たとえば住宅の基礎工事において、基礎の形状や寸法は設計図に表されますが、鉄筋の材質やコンクリートの調合比率、練り混ぜや打ち込み、養生方法などは仕様書に記載されます。

　設計図と仕様書を合わせて設計図書とも呼びます。一般の発注者は、設計図は熱心に見ても、仕様書には関心が薄いようです。しかし、仕様書は出来上がる建物の品質を左右する重要な文書なので、良い家づくり

のためには設計図同様に内容を吟味すべきものと言えます。

標準仕様書で業務を簡略化

　仕様書は、本来、個々の建築工事ごとに設計者が作成すべきものですが、多くの工事種別ごとに工事仕様を詳細に記述することは膨大な作業量となります。また、建物は違っても工事仕様に共通する点は多いので、これらをまとめた標準的な仕様書があれば、設計者はこれを引用することで業務を簡略化することができます。標準仕様書はこの目的のために刊行されるものです。

　個別の工事において、標準仕様書の記述と異なる部分がある場合、設計者はその部分について特記仕様書を作成します。工事の指示において、特記仕様書の記述は標準仕様書より優先されます。

各種の標準仕様書

　現在、我が国の代表的な公的標準仕様書として、日本建築学会建築工事標準仕様書（JASS－Japanese Architectural Standard Specification の略）、公共建築協会 公共建築木造工事標準仕様書、（独）住宅金融支援機構 住宅工事仕様書（木造住宅編、枠組壁工法住宅編）があります。

　JASSは最も歴史が古く、27工事種別ごとに刊行されており、学会の調査研究を反映して制改定が行われることから、他の二つの標準仕様書の手本として位置付けられます。

　また、多くは詳細な解説付きで、建築工事実務の教科書の役割も果たしています。公共建築木造工事標準仕様書は公共建築工事を対象とするものですが、民間工事でも引用されることがあります。

　金融支援機構の仕様書は機構の融資住宅を対象にしたものですが、広く一般の木造住宅工事においても採用され、我が国の戸建て木造住宅の工事仕様の標準的存在となっています。別項で述べているように、我が国最初の小屋裏換気基準は、1977年改定の住宅金融支援機構（当時は住宅金融公庫）枠組壁工法住宅工事仕様書に記載され、2001年制定の品確法の性能評価基準における小屋裏換気基準も実質的にそれを踏襲し

た内容となっています。

軒0（ゼロ）

軒の出の役割

　軒は屋根の外壁より突き出した部分と定義されています。厳密には軒は屋根の流れ方向の先端で、流れに直交方向の先端はけらばですが、ここではけらばを含めて軒として述べます。軒0は屋根が外壁より出ていない形態という意味になりますが、外壁が屋根より立ち上がったパラペット形式のものは含まず、勾配屋根の先端がそのまま外壁に連続した、写真2-4のような形状のものを指して使われます。

　住宅で軒の出が果たす役割は大きく2つあります。1つは季節に応じて室内への日射の入り方を調節して省エネで快適な室内環境を形成すること、もう一つは外壁を風雨の作用から保護することです。

写真2-4　軒0の屋根

軒0住宅が増えてきた

　日本の伝統的な形式の民家は、何といっても大きく張り出した屋根の軒が特徴です。大きな軒の出は、下方に半屋外、半屋内の空間を形成することにより、農作業を主体とする生活に便利な場を確保し、また、雨の日でも室内への通風と採光を可能にするとともに、土壁など、耐水性に乏しい素材でできた外装を雨から保護するのに役立ってきました。

　しかし、外装材料の変化、断熱やエアコンの普及などによって、軒の出が果たしてきた役割は時代と共に変化し、また、狭小な敷地では軒の出を大きくするとその分外壁が敷地境界線から後退して床面積の確保が難しくなることもあり、かつては90cm程度が普通であった軒の出寸法が次第に小さくなり、特に市街地の建築では、15cm程度の申し訳程度のものから、最近はついに全く壁面から軒が出ていない、いわゆる軒0の住宅が目立つようになっています。

　軒0形式は、敷地の有効利用が可能であるほかに、軒の出の分だけ屋根工事面積が小さくなる、軒天井の工事が割愛できるなど、工事費削減上のメリットも採用の動機になっていると考えられます。出入りの少ないシンプルな立面の外観が、特に若年層にデザインとして好まれるという側面もあるようです。

雨漏り瑕疵発生率が高い

　ところで、ある住宅瑕疵担責任保険法人が2010年以降に保険契約した住宅の雨漏り瑕疵発生状況について行った調査結果を分析したところ、軒の出が柱芯から15～25cm未満の部位での瑕疵発生率は、軒の出がそれ以上の部位での発生率に比べて約5倍高かったというデータ[1]もあります。

　では、軒0はどこが問題なのでしょうか？

　屋根も、外壁も、最終的な止水ラインは下地に用いる下葺き材や防水紙です。屋根の下葺き材は屋根工事業者が施工しますが、外壁の防水紙は大工業、または外装工事業者の施工範囲で、それぞれ、異なる業種が

施工します。木造住宅では通常外装工事より屋根工事が先行し、屋根工事業者は野地の先端部まで下葺き材を施工し、その後屋根材を葺きます。

その後は外壁と軒天井の工程になり、外壁の防水紙は躯体の外面に沿い、軒天井のラインから15cm程度上まで張り上げます。当然、屋根と外壁の止水ラインはつながっていません。

軒の出がある住宅では、外壁防水紙の張り仕舞いの位置は軒の出によって雨がかりから保護されるため、止水ラインの不連続はさほど問題ではありません。ところが、軒0形式の住宅で、軒の出がある場合と同様の工程で屋根と外壁の工事を実施すると、お互いの止水ラインの端部が不連続なまま、雨がかりが最も厳しい出隅位置に存在する状態になります。

これに加えて、最近の実験の知見で、軒0の壁面に風が当たると最上部の数10cmの範囲では、壁面に沿って上向きの気流が発生することがわかっています。この気流は雨滴を止水ラインの不連続部分に集中させるため、その結果、雨水が浸入するリスクが極めて高くなります。

▶ 軒0の問題点

長期的な問題として、軒先部分は、上方の屋根下地に入り込んだ水が最終的に集まってくるところです。屋根のリフォーム工事でも、他の場所は健全なのに、軒先部の下地だけが劣化している事例が多くみられます。

軒が外壁より出ている場合、万一、軒先部に集まってきた水が浸透しても、鼻隠し板や軒天井の劣化で済みますが、軒0の場合は、壁内や室内の天井面が湿潤することになり、被害範囲が拡大することも問題です。

軒0のもう一つの問題は、軒の出による壁面の雨がかりからの保護が得られなくなり、壁面各部からの雨漏りや劣化のリスクが増大することです。この問題については別項「雨がかり」(P157)で詳しく扱っていますので、そちらを合わせて読んでください。

では、軒0では絶対に雨漏りは避けられないかというとそのようなことはありません。このような取り合いの形態で雨水浸入を防止するには、屋根の下葺き材と外壁の防水紙を連続させ、一体の止水ラインを形成す

る必要があります。そのためには適切な納まり設計と、連続施工を可能にするための工程の見直しや、責任施工範囲を明確にする作業要領の整備、綿密な工事管理の実施が不可欠です。

1）日経ホームビルダー編著：雨漏りトラブル完全解決（日経BP社、2017）

ZEH

　ZEH（ネットゼロエネルギーハウス、略称は頭文字の読みから「ゼッチ」）とは、1年間で使うエネルギー量より1年間の太陽光発電の総量が多い住宅のことを指します。また、その比率が75%の住宅をNearly ZEHといいます。

　ただ、これだけですと、断熱性能が低い住宅に大量の太陽光発電を載せてクリアすることが可能になってしまいます。そうならないように、太陽光発電に頼る前の時点で基準一次エネルギー消費量から20%削減すること、外皮性能を地域区分ごとに省エネ基準を上回ることが付帯条件として課せられています。国は2030年までに新築住宅の平均でZEHを実現することを目標に掲げています。

ZEHにおけるエネルギー貯蓄

　現状のZEHでは蓄電池を設置している住宅はほとんどありません。将来的には電気自動車が普及することで、自宅にてエネルギー貯蓄ができるかもしれません。

　また余剰電力の有効利用として電気自動車を有効活用するという相互利用が見込まれています。

　2018年ごろから一部のエコキュートに昼間の余剰電力でお湯を沸かす機能がついた機種がではじめました。この機能を使うと蓄電池2

KWh相当の効果があると言われており、今後このような機種が一般的になるものと思われます。

パッシブハウス

　パッシブハウスとは、環境先進国ドイツで物理学者ファイスト博士が導き出した基準です。これを満たすためには暖房負荷15kWh/㎡年、(冷房負荷基準は地域ごとに設定) 一次エネルギー使用量120kWh/㎡年、50Paにおける漏気量を0.6回以下（C値換算だと0.2程度）という極めて厳しい要件を満たした住宅です。

長期使用計画

　長期使用計画書とは、引き渡し後の所定の年数経過ごとに推奨されるメンテナンス、補修事項をまとめた資料のことです。最も費用がかかり、傷みやすいところは風雨にさらされる屋根と外壁です。使われる屋根、外壁材によってメンテナンスの間隔が異なります。

　費用はそれほどでもないですが、重要な項目として防蟻処理があげられます。通常5年に一度の再防蟻処理が理想的と言われることが多いです。

点検部位	主な点検項目	点検時期の目安	取替えの目安
●基礎			
布基礎	割れ、蟻道、不同沈下、換気不良	5〜6年ごと	―
●外壁			
モルタル壁	汚れ、色あせ、色落ち、割れ、はがれ	2〜3年ごと	15〜20年位で全面補修を検討
タイル貼り壁	汚れ、割れ、はがれ		
サイディング壁（窯業系）	汚れ、色あせ、色落ち、割れ、シーリングの劣化	3〜4年ごと	
金属板サイディング壁（金属系）	汚れ、さび、変形、ゆるみ	2〜3年ごと	15〜20年位で全面補修を検討（3〜5年ごとに塗替え）
●屋根			
瓦葺き	ずれ、割れ	5〜6年ごと	20〜30年位で全面葺替えを検討
屋根用化粧スレート葺き	色あせ、色落ち、ずれ、割れ、さび	4〜6年ごと	15〜30年位で全面葺替えを検討
金属板葺き	色あせ、色落ち、さび、浮き	2〜3年ごと	10〜15年位で全面葺替えを検討（3〜5年ごとに塗替え）
雨どい（塩化ビニル製）	つまり、はずれ、ひび		7〜8年位で全面取替えを検討
軒裏（軒裏天井）	腐朽、雨漏り、はがれ、たわみ		15〜20年位で全面補修を検討
●バルコニー・濡れ縁			
木部	腐朽、破損、蟻害、床の沈み	1〜2年ごと	15〜20年位で全面取替えを検討（2〜3年ごとに塗替え）
鉄部	さび、破損、手すりのぐらつき	2〜3年ごと	10〜15年位で全面取替えを検討（3〜5年ごとに塗替え）
アルミ部	腐食、破損	3〜5年ごと	20〜30年位で全面取替えを検討

図2-3　マイホーム維持管理ガイドライン抜粋
(住宅金融支援機構HPより)

　その他電気設備系はその設備によって標準利用期間が異なります。エアコンは10年から13年、給湯器は10年から15年で交換するのが一般的です。換気設備においては、ファン類は10年交換が目安、その他、フィルター、熱交換素子なども所定の期間ごとに交換が必要となります。

災害に備える

ハザードマップで情報を集める

　住宅防災の第一歩は、建設地固有の災害リスクを的確に把握することです。建設地によって異なる災害リスクの主要なものとして、大雨に伴う洪水・内水・土砂災害、地震とこれに伴う市街地火災や液状化、高潮、津波、火山活動などがあります。これらにより予想される被害の程度や範囲を地図上に視覚情報として示したものがハザードマップで、国や市区町村により作成・公表されています。国土交通省の「ハザードマップポータルサイト」には、洪水・土砂災害・高潮・津波のリスク情報、道路防災情報、土地の特徴・成り立ちなどを地図や写真に自由に重ねて表示する機能（重ねるハザードマップ）と、市区町村が作成・公開したハザードマップへリンクする機能（わがまちハザードマップ）があり、これを活用することにより建設地固有の災害リスクを把握することができます。

住宅外皮と防災

　上記のような建設地固有の災害リスクを含めて、住宅が長期間供用される途中で想定される災害リスクにはさまざまなものがありますが、一般的な住宅外皮において共通的に考えるべき問題としては、台風等の強風時の風荷重による外装材の脱落、飛散、浮き上がりと、地震力による外装材の損傷、脱落、及びこれらに伴う二次的な被害、火災、豪雨時のバルコニー等での排水支障による浸水被害などが主体となります。このうち、火災については第6章「防火対策」で扱います。以下では、強風被害と地震被害を中心に述べます。

風被害の基礎知識

建築基準法上、外装材に作用する風荷重（W）は、次式によって算出します。

W＝q・Cf・A

ここで W：風荷重（N）

　　　　q：設計用速度圧（N／m²）

　　　　Cf：ピーク風力係数

　　　　A：対象とする部位に応じた受圧面積（m²）

設計用速度圧（q）は、次式によって算出します。

q＝0.6・Er²・Vo²

ここで Er：平均風速の高さ方向の分布を表す係数

　　　　Vo：基準風速（m／秒）

基準風速は全国の気象官署の観測値（年最大風速）に基づいて再現期間約50年に換算された数値（地上10mにおける10分間の平均風速）であり、全国の市町村別に0～46m/s、2 m/s間隔で規定されています。

　平均風速の高さ方向の分布を表す係数（Er）は、建築物の立地する地域環境を示す地表面粗度区分と建築物の高さの関係から算出します。地表面粗度区分は建築物の立地する地域が都市計画区域にあるかどうか、海岸からの距離、建築物の高さなどによって変わります。

　ピーク風力係数（Cf）は、ピーク外圧係数－ピーク内圧係数で算出し、ピーク外圧係数は［正圧］と［負圧］に分けてそれぞれ算出します。

　建物への風荷重が局部的に大きくかかる部位として、屋根については勾配屋根の軒・けらば・棟端部、陸屋根の外周部、およびパラペット際などがあります。勾配屋根の斜面や棟端部は、風の勢いに直接さらされ、風荷重が集中的にかかるので、風荷重に対応した適切な耐風設計や適切な補強が必要となります。陸屋根の外周部では風圧が増大し、特に屋上設備等の突出部がある場合は、その部分に風の影響が集中するため、適切な耐風対策が重要となります。パラペットは建物の外壁を上方に延長した部分であり、風が直撃することで風圧が増大しますので、パラペッ

ト際での風荷重に注意が必要です。

　適切に耐風性を確保するためには、屋根葺材等の外装材が浮き上がったり飛散したりしないように適切な方法により下地に留付けることが重要であり、建築基準法や耐風設計のガイドラインに基づいた適切な設計・施工および点検が必要となります。

飛来物による外皮の損傷

　令和元年房総半島台風による瓦屋根の被害調査によると瓦屋根標準設計・施工ガイドラインに準拠した工法で施工した瓦の被害の中で飛来物による損傷は38%、非ガイドライン工法では25%でした。即ち自宅の瓦屋根が適切であっても、周辺の建物からの飛来物により被害を受ける割合が多いことが明らかとなっています。

　屋根および外壁へ飛来した場合、完全に損傷を防ぐことは困難と思われます。従って、地域全体として新築および既存建物の適切な設計・施工、改修などが重要と思われます。

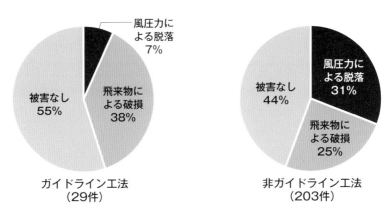

図2-4　工法の違いと平部の被害原因
（令和元年房総半島台風を踏まえた建築物の強風対策の方向性参考資料より）

　施工から数十年経過した外装材に対して飛来物が当たり破損した場合は、同じデザインの製品の在庫が無い場合が多いので、新築時に材料の

種類を選択する際の考慮事項の一つになると思われます。

　飛来物が窓ガラスへ衝突し破壊した場合は、ガラスが室内に散乱し、降雨を伴う場合は雨水が大量に室内に浸入します。最悪な場合、外皮やガラスの破壊により室内への風圧が高まり屋根が吹き上がって飛散する事例もあります。そのため、窓には雨戸、シャッター、飛散防止フィルム、防災安全合わせガラス等を導入するなどの対策が推奨されます。また、小屋組に使用される接合金物の種類や接合方法を適切にすることも重要です。

地震被害の基礎知識

　地震の大きさに関して、マグニチュードは「震源地における地震そのもののエネルギーの大きさ」を表す指数であり、震度とは「それぞれの観測点における地盤の揺れの大きさ」を表す指数となります。

　以前、震度は体感および周囲の状況から観測していましたが、1996年4月以降は、「計測震度計」により自動的に観測されています。地震の揺れは「振幅」と「周期」があり、「振幅」は地震の揺れの大きさ、「周期」は地震の揺れの往復する時間となります。この振幅と周期は、地盤により異なっており、軟弱地盤では周期が長くなり、硬い地盤では周期が短くなる傾向です。各地震動の中で発生する頻度が最も多い揺れの周期を「卓越周期」と呼び、地盤の「卓越周期」と建物ごとに異なる「固有周期」が一致すると「共振」をおこし、建物が一層大きく揺れやすくなります。

　地震力による外装材の損傷や脱落には、外装材自体への慣性力の作用に起因するものと、建物の変形に伴い外装材の緊結部が損傷することに起因するものがあります。

　重い外装材は、地震時に振動する際に大きな慣性力を発生させる傾向があるので、地震力計算において、重い部材の質量や位置を考慮し、これらの部材が建物に及ぼす影響を適切に評価し、適切な接合方法を設計・施工する必要があります。

　瓦屋根の棟部分は地震による揺れに対して特に弱い箇所であり、瓦の

緊結方法に関する告示や瓦屋根標準設計・施工ガイドラインに従って正しく施工が行われることが重要です。適切な緊結方法や補強が行われていることで、瓦屋根の棟被害を最小限に抑えることができます。

　地震などの外力が加わると、建物の階層間で相対的な変位が生じます。層間変形角は、建物の階層間で生じる変形の角度（rad）を意味し、その変位の大きさを表す指標となります。建物の外装材は、層間変形に追従できる柔軟性が求められます。例えば、サイディング（窯業系、金属系）外壁およびラスモルタル外壁については、水平せん断試験が実施されており、層間変形角が1/120radにおいても脱落しないことが確認されています。また、準耐火建築物では防火被覆材の損傷や脱落防止のため、層間変形角は一定の要件（1/150rad以内）を満たすことが求められます。

外装材の風および地震被害に伴う二次的被害の発生

　本来、何れの屋根葺き材であっても、適切な設計・施工により耐風性や耐震性が確保されますが、これまで旧来の工法による屋根で、屋根材が猛烈な台風等により飛散したり大規模な地震により脱落したりした事例があります。特に強風により飛散した屋根材は風下の住宅の外装材の損傷を招き、被害を拡大させるので、飛散しないように適切に緊結することが重要です。

　広範囲の自然災害により数多くの住宅で屋根材が脱落・飛散した場合、すぐに改修できないので、地震以後の降雨時に雨漏りが発生し、その防止のため暫定的にブルーシートを屋根面に掛けることになります。東北地方太平洋沖地震においては、改修すべき瓦屋根が非常に多く、全ての改修まで3年間を要した地域もありました。

**写真2-5　熊本地震で被災した屋根に
ブルーシートが掛かった住宅が立ち並ぶ市街地**
（熊本県熊本市、2016年4月30日、Google Earth Proより）

　ブルーシートは、日射の紫外線や熱により劣化し、また、充分に屋根面を被覆されていない場合もあるため、雨漏りを生じやすいのが実態です。雨漏りが生じた場合は、屋根の下地材や天井材を劣化させたり、居室内まで雨水が浸入したりすることがあります。このような場合は、生活にも支障をきたすだけではなく居住者のストレスの要因になり、最悪の場合、建物そのものを除却・解体する事例もあります。

　木造住宅において、地震により外皮が損傷して可燃性のある下地や構造躯体が露出した場合、火災のリスクを高めて延焼を招き、最悪なケースとして都市火災に至ることがあります。地震対策として、適切な耐震設計や外装材の留付け、電気・ガス設備の安全確保、火災対策の徹底が必要となります。これらの対策が適切に行われることにより、地震による外皮の被害と火災の発生を最小限に抑えることが可能となります。

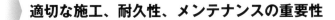

適切な施工、耐久性、メンテナンスの重要性

　外装材の耐風性や耐震性は適切な材料の選定と施工により担保されます。標準仕様やガイドラインに従わず不適切に緊結された外装は、たとえ平常時に問題が生じなくても一定以上の強風や地震力が作用すると欠陥を露呈し、脱落や飛散によって人命や財産を脅かす結果を招きます。

接合金物が無い

　耐力壁の接合金物や釘、ラスモルタルのラスやステープルが不適切な場合は、地震時に耐力壁が破壊したり、ラスモルタルが脱落したりすることがある。

柱—土台用
接合金物

筋かい用
接合金物

写真2-6　不適切な施工により地震時に破壊した
構造躯体とラスモルタル外壁

　外装材や納まり部の役物の緊結部は、適切な緊結構法が採用されていても下地（瓦桟木、野地板、心木類など）が腐朽などにより劣化した場合、留め付け力も低下するので、下地の耐久性確保は極めて重要です。具体的には耐久性に優れた部材を採用するとともに、雨水の浸入を抑制し、また、浸入しても速やかに乾燥できる納まりとすることが防災性を高めることにつながります。また、定期的な点検を行って緊結釘や板金の浮きなどを確認し、適切な補修を行うことが重要です。

　一般的に構造用合板などの面材は躯体の構造耐力の向上に寄与することにより防災上有用な部材と言える反面、透湿抵抗が高い材料の場合、小屋裏や壁内での結露発生のリスクを増大させるため、その使用にあたっては構造性能と耐久性能を両立させる総合的な配慮が必要です。

　バルコニーや陸屋根のドレン（排水設備）に落ち葉やごみが詰まって

いるまま放置されると、豪雨時に排出し切れずに溜った雨水の水位が上昇し、建物内に浸入する被害が発生する可能性があります。定期的なメンテナンスや点検を行い、問題を早期に発見・修復することが被害防止につながります。

第3章

法規との関連

品確法

品確法の３つの柱

1990年代後半に表面化した「欠陥住宅問題」の解決策として、1999年に「住宅の品質確保の促進等に関する法律（平成11〈1999〉年6月23日法律第81号)」が成立し、翌年施行されました。略して「品確法」と呼ばれています。

品確法は以下の３本柱で構成されています。

1）新築住宅の基本構造部分の瑕疵担保責任期間を「10年間義務化」すること。

2）様々な住宅の性能をわかりやすく表示する「住宅性能表示制度」を制定すること。

3）トラブルを迅速に解決するための「指定住宅紛争処理機関」を整備すること。

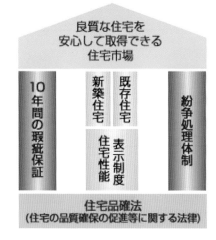

図3-1　品確法
（一般社団法人住宅性能評価・表示協会HPより）

以下に品確法で用いられる言葉の定義を示します。

1. 「住宅」とは、人の居住の用に供する家屋又は家屋の部分（人の居住の用以外の用に供する家屋の部分との共用に供する部分を含む。）をいう。

2. 「新築住宅」とは、新たに建設された住宅で、まだ人の居住の用に供したことのないもの（建設工事の完了の日から起算して一年を経過したものを除く）をいう。

3. 「日本住宅性能表示基準」とは、住宅の性能に関し表示すべき事項及びその表示の方法の基準であって、次条の規定により定められたものをいう。

4. 「住宅購入者等」とは、住宅の購入若しくは住宅の建設工事の注文をし、若しくはしようとする者又は購入され、もしくは建設された住宅に居住をし、若しくはしようとする者をいう。

5. 「瑕疵」とは、種類又は品質に関して契約の内容に適合しない状態をいう。

構造耐力上主要な部分とは在来工法の木造住宅の場合、以下の部分を指します。

基礎：「基礎」「基礎ぐい」

軸組：「土台」「壁」「柱」「斜材（筋かいなど）」「横架材」「床版」

屋根：「小屋組」「屋根版」

雨水の浸入を防止する部分とは、以下の部分を指します。

1. 住宅の屋根と外壁（具体的には屋根や外壁の仕上げ・下地などを指す）

2. 住宅の屋根・外壁の開口部に設ける戸・枠その他の建具（具体的にはサッシなどを指す）

3. 雨水を排除するため住宅に設ける排水管のうち、住宅の屋根もしくは外壁の内部または屋内にある部分

▐ 瑕疵担保責任期間について

民法では従来、木造建築物の瑕疵担保責任期間は5年、非木造は10

年と定めています（民法第638条）。強行規定ではなく、契約で短縮も可能でしたが、新築住宅に関して品確法では、住宅の基本的な構造部分である「構造耐力上主要な部分」と「雨水の浸入を防止する部分」に限って、瑕疵担保責任期間を10年以上とし、10年未満とする契約は無効としました。

　なお、2019年の民法の改正により民法の本文からは「瑕疵」という用語を使わなくなり、「契約の目的に適合しない場合」の表現に代わりました。但し、品確法においては、契約の目的に適合しない場合を「瑕疵」という用語に置き換えて継続使用されます。

住宅性能表示制度について

　住宅会社はそれぞれが「高性能」を謳うものの、その基準がバラバラで消費者が客観的に比較・判断できなかったため、「客観的に数値等で比較できる項目」に限って、その評準と、等級や数値による表示方法を定め、それを第三者機関である「住宅性能評価機関」が審査することとし、その機関は国土交通大臣が指定する（後に大臣登録制度に移行）こととしました。これにより特定の項目・分野においては、消費者が性能を相対的に比較することが可能になりました。

指定住宅紛争処理機関について

　欠陥住宅を購入した一般消費者が売主（住宅会社等）に対して裁判を起こすことは著しい労力・負担がかかります。そのため、新築住宅専門に「裁判外での紛争処理」を担当する機関として全国の単位弁護士会（主に都道府県単位）の中に住宅紛争処理機関を設置しました。

　新築住宅の品質等を巡って紛争が起きた時に、住宅性能表示制度、または、住宅瑕疵担保責任保険を利用した住宅に関する紛争であれば、わずかな費用でADR（裁判外紛争処理制度）を利用できるようにしました。（住宅瑕疵保険は当初は履行法に対応した新築住宅瑕疵保険だけが対象でしたが、2022年からは任意の保険制度である「リフォーム瑕疵保険」や「既存住宅瑕疵保険」を利用した住宅に関する紛争も、このADR制度を利用

できるようになりました。）その紛争処理機関をバックアップするために公益財団法人住宅リフォーム紛争処理支援センターが設置されています。このほか、住宅の品質トラブル等に関して誰でも電話で建築士や弁護士等の専門家に相談できる「住まいるダイヤル」も開設されています。

欠陥住宅問題

1990年代に「秋住事件」が世間を騒がしました。秋田県木造住宅株式会社は、首都圏における秋田杉の販売拡大を目的として昭和57（1982）年に官民共同出資（いわゆる第3セクター）で設立されました。高級感のある秋田杉が建材に使われていること、当時の秋田県知事がパンフレットに登場し秋田県が作った第3セクターであることを強調し「信頼できる」と人気が出て全物件が完売したのです。

ところが、分譲の翌年あたりから、「床が傾いた」などの苦情が続発。建物が傾く「不同沈下」や、雨漏りも多発し、当時のマスコミもこの事件を大きく取り上げました。平成10（1998）年に秋田県木造住宅株式会社は東京地裁で破産決定となったため、住宅の取得者への補償がなされず、被害者は第三セクターの主体だった秋田県や銀行に対して共同で損害賠償請求の訴訟を起こし、裁判所は3セクの出資者の一定の責任を認め和解で決着しました。

ADR (Alternative Dispute Resolution)とは？

ADRとは、「裁判外紛争解決制度」と訳されますが、裁判手続きによらずに紛争を解決する手法を言います。

通常、「裁判」は、ある当事者間の紛争について裁判所が最終的な判断を示すことによって、その争点に最終的な解決を与えますが、「ADR」は当事者間の意思と努力に基づいて紛争の解決を目指します。

ADR手続きは、裁判に比べて、簡易・低廉・柔軟に紛争解決を図ることができます。しかし、裁判のように強権的に紛争を解決させる制度ではなく、あくまでも両当事者が紛争解決のために互いに歩み寄る姿勢が不可欠です。

ADRのうち住宅紛争を専門とする住宅紛争処理機関は「住宅紛争審査会」と呼び、全国各地の弁護士会の中に設置されています。建設住宅性能評価書または、住宅瑕疵保険が付保された住宅で紛争が起きた場合、紛争当事者のどちらからでも申請を行うことができ、専門家（弁護士および建築士）があっせん、調停、仲裁の労をとります。

特定住宅瑕疵担保責任
<ruby>か<rt></rt></ruby>

瑕疵担保責任とは？

「瑕疵担保責任」とは、売買や請負契約の目的物に瑕疵（基本的な品質が欠けているなどの欠陥）がある場合、売主が買主に対してその責任を負うことを言います。

瑕疵があった場合、買主は、売主に対して瑕疵の解消（修補等）や損害賠償の請求や、契約解除を要求することができます。

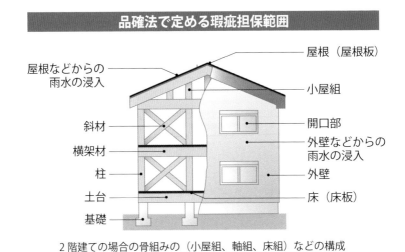

品確法で定める瑕疵担保範囲

屋根などからの雨水の浸入
屋根（屋根板）
小屋組
斜材
開口部
横架材
外壁などからの雨水の浸入
柱
外壁
土台
床（床板）
基礎

2階建ての場合の骨組みの（小屋組、軸組、床組）などの構成

図3-2　瑕疵担保範囲

「特定住宅瑕疵担保責任」とは、「新築住宅における構造耐力上主要な部分と雨水の浸入を防止する部分に対する瑕疵担保責任期間を引渡しの日から10年以上」と定めたものです。

瑕疵担保責任を追及できる期間

瑕疵担保責任（改正民法では「契約不適合」に対する賠償責任）を追及請求できる期間は、2020年施行の民法改正により「契約不適合を知ってから1年以内に通知」した上で、その「権利を行使できることを知った日から5年以内」と定められました。

なお、特定住宅瑕疵担保責任である新築住宅の構造耐力上主要な部分の耐力性能と、雨水の浸入を防止する部分の防水性能（雨漏りを起こさないこと）はこれまで通り、新築住宅を引き渡した事業者の10年間の瑕疵担保責任期間がそのまま残ります。

住宅瑕疵担保履行法

瑕疵が発見された時に売主または請負人が倒産している場合は瑕疵担保責任が果たされなくなり、買主が多大な損害を受けることとなります。それを防止するために、住宅瑕疵担保履行法（「特定住宅瑕疵担保責任の履行の確保等に関する法律」平成19年5月30日法律第66号）が定められ、売主が倒産等で特定住宅瑕疵担保責任を履行できなくなった場合でも買主（住宅の取得者）が守られるよう、売主は住宅の引渡した住宅の戸数に応じて法務局に規定の供託金を供託するか、その住宅に住宅瑕疵担保責任保険を付保することが義務付けられました。

瑕疵保険対象の事故が起きた時、売主は瑕疵の修補に保険金を請求できますが、倒産等の場合は、買主が保険法人に直接、保険金を請求することができます。供託の場合には、倒産等で瑕疵担保責任が果たされない場合、供託金を取り崩して補修費用にあてることになります。

住宅性能表示制度

住宅性能表示制度とは

　住宅性能表示制度とは「住宅の品質確保の促進等に関する法律（品確法」）」の３本柱の１つとして定められた制度で、良質な住宅を安心して取得できる市場を形成することを目的とします。

　評価基準は物理的な数値で表示できる内容を中心に全体で１０の分野で構成され、第三者である登録住宅性能評価機関が評価し、評価書を発行します。

　新築住宅では設計段階で設計関連図書を審査する「設計住宅性能評価」と、施工段階で設計住宅性能評価書通りに施工したかを確かめる「建設住宅性能評価」の２段階があり、既存住宅では既存住宅の性能を確認する「建設住宅性能評価」のみとなります。

評価する分野

　評価する分野は以下の通りですが、性能評価書を取得するには必須である項目と任意の項目があり、◎印は戸建・共同住宅とも必須、○印は共同住宅の共用部分のみ必須の項目です。また、性能評価書を取得して契約した場合は、その性能も契約内容の一部となるとされています。

　　◎構造の安定（耐震性能等）

　　　火災時の安全（防火性能）

　　◎劣化の軽減（耐久性）

　　◎維持管理・更新（メンテナンス性）

　　◎温熱環境（断熱性能等）

　　　空気環境（シックハウス対策）

　　　光・視環境（採光率等）

　　　音環境（防音性能）

○高齢者等の配慮（バリアフリー性能）

防犯（開口部の防犯性能）

図3-3　性能評価（10分野）
（一般社団法人住宅性能評価・表示協会HPより）

長期優良住宅

長期優良住宅に関する法律

2006年に施行された「住生活基本法」が掲げた「従来のスクラップ＆ビルドではなく、いい住宅を作ってきちんと手入れをして長く大切に

使う」理念を具体化するための法律として、「長期優良住宅の普及の促進に関する法律」が2009年に施行され、法律に基づき認定された「長期優良住宅」には税の優遇や補助金の支給がされることとなりました。

長期優良住宅とは？

「長期優良住宅」とは、長期にわたり良好な状態で使用するために、以下のような措置が講じられている住宅を指します。

（1）長期に使用するための構造及び設備を有していること。

（2）居住環境等への配慮を行っていること。

（3）一定面積以上の住戸面積を有していること。

（4）維持保全の期間、方法を定めていること。

このうち（1）に関しては、住宅性能表示制度のうち関連する項目の基準に基づき、上位の等級（性能）を確保することが条件となります。

長期優良住宅の認定

これらすべての措置を講じ、所管行政庁（都道府県、市または区）に認定申請を行えば、長期優良住宅としての認定を受け、減税等、各種の優遇措置を受けることが可能となります。また、申請に当たっては、行政庁に申請する前に住宅性能評価機関で「長期使用構造等であるかの確認」を済ませることが一般的です（これは住宅性能表示制度の設計性能評価の一環として行うこともできます）。現在、戸建て新築住宅の約4分の1が長期優良住宅の認定を取得しています。

なお、平成28（2016）年4月より、新築だけでなく増改築を行う場合にも長期優良住宅の認定を取得することができるようになりました。

所管行政庁の認定基準は、以下の通りです。

1．住宅の構造および設備について長期にわたり良好な状態で使用するための措置が講じられていること。

2．住宅の面積が良好な居住水準を確保するために必要な規模を有すること。

3．地域の居住環境の維持・向上に配慮されたものであること。

4．維持保全計画が適切なものであること。

5．自然災害による被害の発生の防止、軽減に配慮がされたものであること。

劣化対策等級

▶ 劣化対策等級とは？

劣化対策等級とは、住宅性能表示制度による建物の「評価項目」のひとつで、建物の構造躯体の部分に用いられる木材の腐朽・シロアリ対策や鉄筋の錆び対策など、住宅を長持ちさせるための対策の程度を、3段階の等級で評価します。

「等級1」は、建築基準法が定める対策が講じられている場合。

「等級2」は、通常想定される自然条件および維持管理条件の下で2世代（50年〜60年程度）まで長持ちするように対策が講じられている場合。

「等級3」は、3世代（75年〜90年程度）まで長持ちするように対策が講じられている場合で、「長期優良住宅」の認定にはこの等級が必須となります。

なお、長期優良住宅が目指す耐久年数（住宅の利用年数）は維持・メンテナンスを行うことを前提に100年とされています。

▶ 劣化対策等級の基準

木造住宅では、下記の部分に対して基準が設けられています。

1）外壁の軸組等における防腐・防蟻措置

2）土台における防腐・防蟻措置

3）浴室及び脱衣室における防水措置

4) 地盤における防蟻措置

5) 基礎における基礎高さ確保

6) 床下における防湿・換気措置

7) 小屋裏における換気措置

8) 構造部材等における建築基準法施行令規定への適合

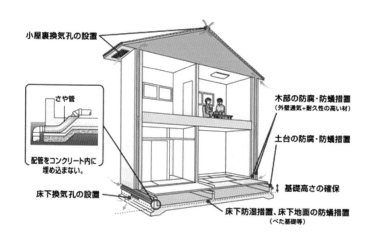

図3-4　劣化対策等級

(住宅金融支援機構HPより)

※上図のうち赤枠で囲った部分は「維持管理・更新の配慮」に関する「更新対策等級」に
　規定されている。

構造計算書偽装事件

姉歯事件と呼ばれた

　2005年11月17日に国土交通省が、いくつものマンションやホテル
の構造設計を行った1級建築士が、地震などに対する安全性の計算を記
した構造計算書を偽装していたことを公表しました。偽装した設計士の
名前から、「姉歯事件」とも呼ばれました。

それらの建物の建築確認・検査を実施した行政および民間の指定確認検査機関が構造計算書の偽装を見抜けず、確認済証などを発行してしまいました。その結果、建築基準法に定められた耐震基準を満たさないマンションやホテルなどが次々と建設されていったのです。その中には、耐震診断の結果、震度5強程度の地震で倒壊の恐れがあることが判明し大きな社会問題となりました。「殺人マンション」と批判するマスコミもあったほどです。

この事件を受けて法律が改正

構造計算書を偽装した建築士、建設会社幹部、デベロッパー幹部、確認検査機関幹部、コンサルタント会社幹部などの関係者らが証人喚問や参考人招致などで国会に呼ばれて、答弁し、構造計算書を偽装した建築士は逮捕されました。

この事件を受けて、建築基準法と建築士法がそれぞれ改正され、構造計算書のチェック制度や建築確認手続きなどが厳格になったのです。

建物状況調査（インスペクション）

インスペクションとは？

最近、建築物への「建物状況調査（インスペクション）」が徐々に広がりを見せています。

インスペクション（inspection）とは英語で「検査、視察、査察」を意味する言葉ですが、既存住宅の流通が盛んな米国においては、購入を検討するにあたって専門家（インスペクター）に対象住宅の状態（品質）を点検してもらうことが一般的で、その結果が契約金額に反映されるとともに、入居前に補修・改修工事の計画にも活用されます。

　候補とした既存住宅を事前に専門家にチェックしてもらうことで、その住宅を購入する際の判断材料にし、安心して購入決定できるようにしているわけです。

　インスペクションの手法や範囲はさまざまなので、国土交通省は「構造耐力上主要な部分と雨水の浸入を防止する部分」に関する既存住宅の状況調査について基本的な調査方法の基準を告示で定めました。これを「既存住宅状況調査方法基準」と言います。

　宅建業法で規定する建物状況調査は、既存住宅の流通時に実施する「既存住宅状況調査」のことで、国土交通省の登録を受けた既存住宅状況調査技術者講習を修了した建築士（既存住宅状況調査技術者）が実施します。

日本家屋は世代ごとに多額の住宅投資が必要

　日本の住宅市場はいまだに新築偏重（へんちょう）で、消費者が購入する住宅全体に占める割合では、新築が８割以上、既存住宅は18％前後と低迷しています（国の推計による）。

　欧米では一つの住宅を80〜100年以上、使い続けるのに対して、日本では平均して30数年で建替えてきたために、世代ごとに多額の住宅投資が必要となり、それが所得の割に豊かさを実感できない大きな原因になっていると言われています。

　そこで、欧米のように、住宅を手入れしながら長く大切に使い続けることが望ましいと考える人が増えてきました。しかし、そのためには、住んでいる住宅を定期的にインスペクションして適切なメンテナンスをする必要があります。さらに、既存住宅を売買するにあたっては事前にインスペクションを行って状態を明らかにし、売買する当事者が住宅の状態を把握することも重要でしょう。

政府がインスペクションを普及

　最近では、入居前に必要な補修工事を済ませ、入居後に安心して快適な生活が出来ることが大切である、という認識が定まってきました。そこで国土交通省は、基本的（標準的）なインスペクションの方法を告示

で定め（「既存住宅状況調査方法基準」）、それを宅建業法にも位置付ける（重要事項説明時にインスペクションの実施の有無と結果の概要等を伝える、など）ことで既存住宅流通時のインスペクションの普及を図っています。

インスペクションを行う時期

わが国では「インスペクション」というと「既存住宅の売買時に行うもの」というイメージが定着しつつあります。

用語の本来の意味からも、既存住宅流通時というのはその一部に過ぎず、自宅の修繕工事が必要かどうかを判断する時や、新築住宅の工事中、または、建売住宅を購入検討する際に行うこともあります。

日本では第三者の「監理」がなされないことが多い

ヨーロッパでは建築の設計業務と施工業務は明確に役割が分離し、別の事業者が行うことが一般的で、施工中には設計者が「工事監理」（職人を指示する施工業者の現場監督とは別の立場）を行うことで設計通りに施工されたかをチェックします。

しかし、日本の小規模住宅では同じ業者が設計・施工を一貫して行うことが大半なため、第三者の「監理」がされないことがほとんどです。制度上は建築確認機関による中間検査（地域によっては省略）や完了検査を行い、瑕疵保険を付保する住宅では工事中に2回ほど保険法人の現場検査が入りますが、いずれも多様な作業のある建築工程の中で、あるタイミングで検査するだけで、全体からすればごく一部を見るにすぎません。

日本でもインスペクションが少数ながら行われている

そこで、新築住宅の発注者（施主）が、新築住宅の工事中に専門家（現場に精通した建築士）にインスペクションを依頼することが少数ながら行われています。但し、工事中の建築物は（引き渡されるまでは）施工者の所有物とされるので、インスペクションを入れるには住宅事業者の

了解が必要です。中には、第三者の検査で工事のミスをあらかじめ防げるなら歓迎だとする事業者もありますが、「立ち会うのが面倒くさい」「他人に余計なことを言われたくない」等の理由で後ろ向きの事業者も多いのが現実です。発注・購入する側からすれば、「プロの目で現場工事を確認してもらう」ことの安心感は代えがたいですから、契約前の交渉時点で「インスペクションを入れてもいいですか？」と質問して、それを受け入れる住宅業者を選択することが賢いと言えるでしょう。

写真3-1　床下部分のインスペクション風景（米国）

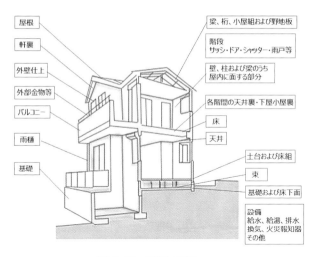

図3-5　調査項目
（さくら事務所ホームインスペクション関西社からの資料より）

宅建業法

宅建業法とは？

　宅建業法（宅地建物取引業法）は、不動産業者や不動産取引に関わる人々の行動を規制し、消費者保護を目的とした法律です。不動産取引においては、契約の明示や解説、情報の提供、仲介手数料の適正な取り扱いなどが定められています。宅建業法の遵守は、信頼性の向上と公正な取引を促進する重要な役割を果たしています。

重要事項説明

　重要事項説明とは、宅地建物取引士が、不動産の売買や賃貸契約に際して、契約当事者に対して書面で重要な情報提供を行います。契約の公

正さや透明性を確保するために重要な役割を果たしています。物件の状態や構造、価格や手数料、契約条件、周辺環境の情報などを詳細に説明する必要があります。具体的には、以下の通りです。

1. 登記簿上の権利の種類・内容・名義人など
2. 法令上の制限
3. 私道に関する負担
4. 飲用水・電気・ガスなどの供給施設・排水施設の整備状況
5. 未完成物件における完成時の形状・構造
6. 建物の状況調査を実施しているかどうか、および実施している場合はその結果の概要（既存建物）
7. 建物の建築・点検記録および維持保全の状況に関する一定の書類の保存の状況
8. 石綿（アスベスト）の使用有無
9. 造成宅地防災区域にあるときはその旨
10. 土砂災害警戒区域にあるときはその旨
11. 津波災害警戒区域にあるときはその旨
12. 水害ハザードマップ
13. 耐震診断を受けているときはその内容
14. 住宅性能評価
15. 代金・交換差金・借賃以外に授受される金銭の「額」「授受の目的」
16. 契約解除
17. 損害賠償額の予定など
18. 手付金などの保全措置の概要
19. 支払い金・預かり金を受領する場合の保全措置の概要
20. ローンの斡旋の内容およびローン不成立の場合の措置
21. 契約不適合責任に関する措置の概要
22. 割賦販売の場合、頭金及び割賦金の額・支払時期・方法

木造住宅の基礎知識

骨組み編

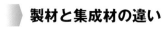

製材と集成材

▶ 製材と集成材の違い

　製材とは、原木を板や角材に加工することです。製材は製造工程が単純で加工しやすいという長所がある反面、原木よりも大きな部材が作れないという短所があります。

　一方、集成材とは、丸太をいったん小さい断面の薄い板状（ラミナ）に切断し、木材の繊維が平行になるように接着剤で再構成して作られた木材のことです。

▶ 集成材の長所と短所

　集成材は、原木よりも大きなものが作れるだけでなく、強度のバラツキを小さくするという長所があります。材木は生物なので、まったく同じものはできません。また1つの木材のなかでも強度のバラツキが存在します。

　バラツキがある原材料であっても、それを何枚か重ねて接着することで、そのバラツキは平均化され安定した強さが期待できます。積層する数が多いほど、製品の強度の特性が平均値に近づくため、バラツキは小さくなります。このような効果を「積層効果」といいます。

　木材は乾燥すると収縮して反り返るという特徴がありますが、そのさい、必ず木表側に反ります。集成材は、この木表と木裏をバランスよく配置することにより変形しづらくなるのです。製造段階でラミナを乾燥させるのですが、大きな原木を小さなラミナにすることで、短期間に乾燥させることができます。

　短所としては、製造工程が複雑で手間がかかる分、無垢の木材よりもコスト高になるということです。

集成材の規格

JAS（日本農林規格）では、集成材の外面の品質だけでなく、接着性能や強度性能、ホルムアルデヒド放散量などについて、試験方法と適合基準を定めています。さらに、「構造用集成材」「化粧ばり造作用集成材」「化粧ばり構造用集成柱」などに分類し、それぞれ規格を定めています。

その他の木質材料

合板

合板は、丸太をカツラ剥きにした薄い板を接着剤で貼り合わせて作ります。通常は、奇数枚の単板を繊維方向が1枚づつ直交するように貼り合わせます。単板の枚数はプライ数と呼ばれ、3プライ、5プライ、7プライなどが標準です。

合板は、ベニヤ板と呼ばれたり、「ごうばん」と発音されることがありますが「ごうはん」が正しい呼称です。

合板には次の特長があります。

・製材の板と違って割れにくい。

・強度の異方性が小さい。

・他のボード類と比べて強い。

・他のボード類と比べて含水率変化による収縮膨張が少ない。

・他のボード類と比べて耐水性が高い。

さらにJAS（日本農林）規格に規定される合板には次のものがあります。

・構造用合板（建築物の構造上重要な部位に使用する合板）

・コンクリート型枠用合板（コンクリート打ち込み時にその堰板として使用される合板）

・普通合板（一般的な用途に広く使われる合板）
・天然木化粧合板（住宅の内装や家具類に使用される合板）
・特殊加工化粧合板（普通合板の表面に美観と耐久性を目的として天
　然銘木以外のものを貼ったり、木目模様などを印刷加工した表面加
　工合板）

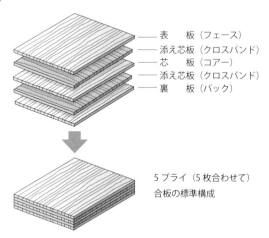

表　　板（フェース）
添え芯板（クロスバンド）
芯　　板（コアー）
添え芯板（クロスバンド）
裏　　板（バック）

５プライ（５枚合わせて）
合板の標準構成

図4-1　合板の構成（5プライ合板の場合）

　合板の利用にあたって特に注意したいのは接着耐久性です。製造に使
用する接着剤の種類で異なる湿潤時の接着性の程度により、特類、１類、
２類の種別があり、使用に適した環境が異なります。

表4-1　合板の接着耐久性

種別	標準的な接着剤	合板の主な使用目的
特　類	フェノール樹脂接着剤等	屋外又は常時湿潤状態となる場所（環境）において使用
1類〈タイプ1〉	メラミン樹脂接着剤等	コンクリート型枠用合板及び断続的に湿潤状態となる場所（環境）において使用
2類〈タイプ2〉	ユリア樹脂接着剤等	時々湿潤状態となる場所（環境）において使用

＊　建築基準法に関連する告示では外壁に使用する構造用合板は特類に限るとされている

単板積層材（LVL）

LVLとは「Laminated Veneer Lumber」の略で、単板（Veneer）を重ねて（Laminated）できた木材（Lumber）という意味です。

LVLは、丸太をかつらむきの要領で厚さ3mmほどの薄い板に剥き、接着剤を使って木材の繊維方向が平行になるように重ねて接着したものをいいます。

合板は、単板を木の繊維方向が交互に直交するように重ねて貼り合わせますが、LVLは木の繊維方向が平行になるように重ねて貼り合わせていきます。合板は平面的な板のような用途（面材料）で使われるのに対して、LVLはバラツキがなく強度も高くなるので柱や梁などの細長い骨組みのような用途（軸材料）で使われます。

しかし、LVLは製造工程が複雑になりコスト高になるという短所があります。

直交集成板（CLT）

CLTとは「Cross Laminated Timber」の略で、ひき板（ラミナ）を繊維方向が直交するように積層接着したパネルのことです。欧米を中心にマンションや商業施設などの壁や床として普及しており、間伐材が使えることから我が国においても国産材CLTを活用した中高層建築物の木造化による新たな木材需要の創出に期待されています。

CLTにはいくつかのメリットがあります。

1つは、コンクリートの養生期間が不要なため、短期間で施工できます。

2つは、建物の重量が軽くなり、基礎工事の簡素化ができます。

3つは、同じ厚さで比較するとCLTはコンクリートよりも断熱性が高いためコンクリートの壁や床に必要な断熱補強が簡単になります。

4つは、樹種の選択が可能です。

デメリットとしては、割高だということです。

OSB

OSBとは「Oriented Strand Board」の略。短冊状の木片をプレスして、接着剤で固めたもの。木片に無駄がなく、廃材があまり出ないというメリットがあります。

ホームセンターなどへ行くと必ずある、よくみかける板材です。価格が低いのも魅力で壁の面材や家具や棚などにも使われます。

パーティクルボード

パーティクルボードは、木材の小片を接着剤と混合し、熱圧成型したもの。原料としては、おもに解体廃材が使用されます。床や壁などの下地材に使われるだけでなく、表面に化粧板を貼って家具や棚などに使われることもあります。

ファイバーボード

蒸解した木材繊維を接着剤と混合して熱圧成型したもの。

中密度繊維板（MDF）

MDFとは「Medium Density Fiberboard」の略。ファイバーボードの一種で密度が中程度のものをいいます。

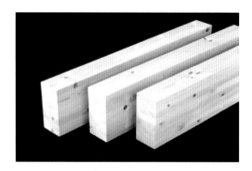

写真4-1　集成材
（日本集成材工業協同組合HPより）

写真4-2　LVL

（全国LVL協会：都市木造のためのLVLハンドブック-技術開発・防耐火編-より）

写真4-3　CLT

（日本CLT協会より）

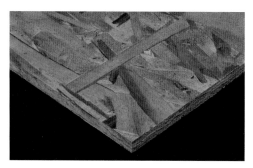

写真4-4　OSB
（APAエンジニアード・ウッド協会HPより）

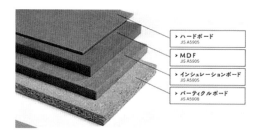

写真4-5　パーティクルボード・MDFなど
（日本繊維板工業会HPより）

写真4-6　ファイバーボード
（一般財団法人日本木材総合情報センターHPより）

軸組構法

線でできている軸組構法

　軸組構法は、日本の伝統的な在来工法です。おもに柱や梁といった軸組みで支えるため、「線」と「線」でできていると言われています。現在は軸組構法でも面材耐力壁や剛床を採用することが主流になっています。

　柱や梁には、部位ごとに名称と役割があります。

- ２階建て以上の家で、土台から軒まで通った継ぎ目のない柱を「通し柱（とおしばしら）」といいます。基本的には四隅に通し柱を立てるのが一般的です。
- 「管柱（くだばしら）」は、１階と２階で中断された柱のことです。
- 「間柱（まばしら）」は、柱の間に壁の下地として立てる柱のことです。
- 「筋かい（すじかい）」は、柱と柱の間に斜めに入れて家の構造を補強する部材です。
- 「胴差し（どうさし）」は、２階の床のところで、家の周りをぐるりと回る横に架ける部材のことです。
- 「軒桁（のきげた）」は、軒が伸びる側に横に架けて屋根を支える部材のことです。
- 「火打ち（ひうち）」は、梁や桁や土台の角がしっかりと固定されるように斜めに渡された補強材のことです。

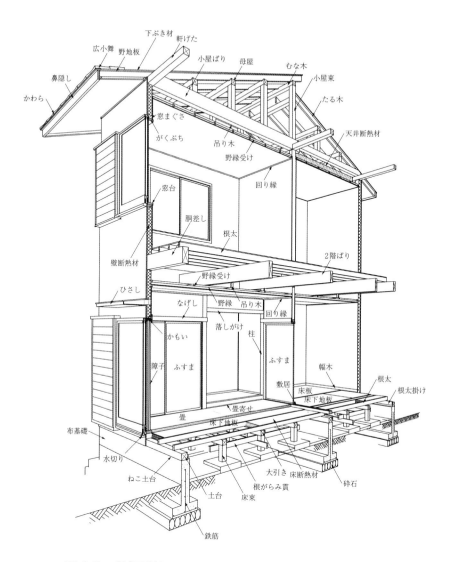

下ぶき材　軒げた
広小舞　野地板
鼻隠し　小屋ばり　母屋　むな木
かわら　小屋束
たる木
窓まぐさ
がくぶち　吊り木　天井断熱材
野縁受け
窓台　回り縁
胴差し
根太
壁断熱材　2階ばり
野縁受け
ひさし
なげし　野縁　吊り木
かもい　落しがけ　回り縁
柱
障子　ふすま　ふすま　幅木
敷居　根太
床板　根太掛け
布基礎　畳　畳寄せ　床下地板
床下地板
水切り
ねこ土台　大引き　床断熱材　砕石
根がらみ貫
土台　床束
鉄筋

図4-2　軸組構法 (住宅金融支援機構：木造住宅工事仕様書より)

木造ラーメン構造の特徴

　柱や梁の接合部分を緊結した構造のことを「ラーメン構造」と言います。ラーメン構造は、鉄骨造、鉄筋コンクリート造、鉄骨鉄筋コンクリー

ト造に多く採用されますが、近年では木造でも使われるようになりました。

　一般的な在来木造構法では、柱と梁をつなぐ接合部は「離れないようにただつながっているだけ」です。つまり、横揺れが起きると簡単に角度が変わるわけです。だから「筋かい」と呼ばれるつっかえ棒が必要となります。

　地震に強い家にするにはその「筋かい」をバランスよく、数多く配置することが重要になるのです。そうすると、家の中の至る所に柱や壁が必要となります。つまり、開放的な空間は困難になるのです。

　一方、重量鉄骨造のような「柱」と「梁」が強固に接合されている「ラーメン構造」では、筋かい以外の構造躯体で耐震性を高められるので、家の中に柱や壁が少なくても地震に強い家となるわけです。つまり、開放的な空間が可能になるのです。

　木造ラーメン構造は、地震に強く耐久性の高い家屋を実現するとともに開放的な空間を確保することができます。大開口を設けて壁を減らし大きな窓にすることもできますし、吹き抜けや屋上ルーフバルコニーを安心して設計することができます。

　鉄骨に比べ木材は耐久性が低いように思われがちですが、乾燥状態に保てば腐朽することはありません。ラーメン構造に用いる集成材は含水率が低く、部材ごとに強度が表示されていますので、どの部分にどの部材を採用するかを安心して決めることができます。

　木材のメリットは調湿性や軽量性もありますが、何と言ってもぬくもりを感じさせてくれる質感にあります。室内に木を現しで使うなどの工夫により、木の文化を伝承してきた日本人は、木のある住空間を心地よく感じるようです。

　問題点としては、接合部の強度を高める工夫が必要になることです。在来の木造構法では、柱と梁をつなげる部分に「ほぞ」といわれる穴加工をしているケースがほとんどです。大地震の際にこの接合部が壊れたケースが多く見られました。基礎部分と柱を連結する部分にも工夫が必要です。

枠組壁工法

▶ 面で支える枠組壁工法

　枠組壁工法は通称「ツーバイフォー工法」と呼ばれています。19世紀に北米で生まれ世界中に普及した工法です。軸組構法が主として線で支えるのに対して、枠組壁工法は面で支えます。壁や床や天井などの面で支えるので、高い耐震性、耐火性、断熱性、防音性を持つと言われています。大震災のときに、跡形もなく崩れた軸組構法の家のすぐ横に建っていた、枠組壁工法の家がしっかりと原形をとどめていたという事例がいくつかあります。しかしこれは軸組構法と枠組壁工法との差ではなく、旧来の軸組構法の住宅では接合金物や釘の使用実態が不適切であったことが原因です。

　しかし、壁に大きな開口部を設けにくいとか、構造設計に制約があるといったデメリットもあります。

▶ ツーバイフォー工法の特徴

　「ツーバイフォー工法」の名前の由来は、使われる角材のサイズが「2インチ×4インチ」（50mm×100mmに相当、ただし公称寸法であり、実寸は38×89mm程度）に統一されていたことから来ています。この均一サイズの角材と強固な面材を組み合わせて壁、床、天井、屋根などを構成していきます。単純な工法なので、高度な技術は必要ないという特徴があります。

　西部開拓時代のアメリカでは、熟練の技術を持つ職人が少なかったので、この「ツーバイフォー工法」が広まったそうです。

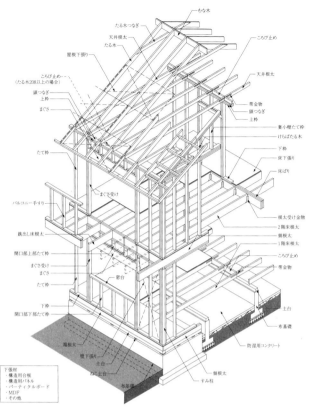

図4-3　枠組壁工法
（住宅金融支援機構：枠組壁工法住宅仕様書より）

パネル工法

 パネル工法とは？

　パネル工法とは、床や壁などを規格化されたパネルとして工場生産し、現場でそれを組み立てる工法です。「ツーバイフォー工法」との違いは、

「ツーバイフォー工法」が釘を使って点でつないでいくのに対して、「パネル工法」は接着剤を使用して面でとめていきます。

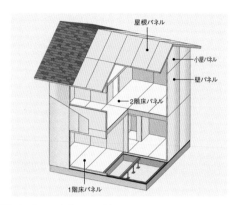

図4-4　パネル工法（ミサワホーム社HPより）

パネル工法の特徴

耐震性にすぐれていて揺れが少ないのが特徴です。建物部分だけ、そっくり移動することも可能なくらい丈夫な家ができます。部材や品質にバラツキが少なく、工期も比較的短くてすみます。

ただし、規格化されたパネルを使うので、間取りや外観などのデザインの自由度が高くありません。リフォームや大規模修繕のときには不利になります。

さらに、パネルの設置にはクレーンを使うので、住宅密集地など場所によっては建築できないこともあるようです。

モノコック構造

外皮が強度部材を兼ねる構造物のことを「モノコック構造」といいます。外皮とは屋根や外壁や床などのことです。「枠組壁工法」や「パネル工法」は、この「モノコック構造」だといえます。

木造住宅の基礎知識

外装仕上げ編

通気構法

通気構法と直張り構法

　通気構法とは、木造住宅の外壁において、サイディングなどの外装材と下地材の間に連続した通気層を設ける構造方式です。

　これに対して通気層無しで下地に直接外装材を施工するやり方を直張り構法といいます。

　1970年頃まで住宅外装の主流だったラスモルタル塗りは直張り構法で、その後、これに代わって急速に普及した窯業系サイディングも、最初は多く直張りで施工されましたが、北海道など寒冷地で、壁内結露によるサイディングの凍害が多発し、その対策として、壁内の湿気を逃がす通路として通気層を設けたのが通気構法の始まりとされています。

通気層の役割

　通気構法は、当初結露対策として採用されましたが、結果的に通気層が浸入雨水の排出経路として機能し、浸水事故の軽減に役立つことが理解されるようになり、乾式外装の標準構法として定着しました。住宅瑕疵担保責任保険の設計施工基準にも乾式外壁仕上げでの採用が規定されています。

　通気層の役割が浸入雨水の排出経路であることに加えて品確法に基づく木造住宅の劣化対策等級に関わる評価方法基準では、外壁仕上げと軸組等の間に中空層を設けることが、軸組が雨水に接触することを防止するための有効な措置であると明記されています。したがって、防露上、断熱材外側の通気層が不要と判断される場合でも、劣化軽減の観点からの通気層は省略できないことになります。

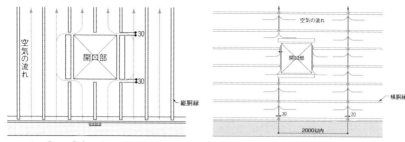

サイディングが開口部の上下で、割り付け幅10cm未満となる場合は、補強胴縁を取り付ける。

図5-1　外壁通気構法
((一社)日本窯業外装材協会：窯業系サイディングと標準施工より)

通気層を確保する

　通気層の内部は空気が流通するだけではなく、浸入した雨水が層内に滞留せず、円滑に排出されることが重要です。通気層は通常厚みが15mm程度で、壁下地の透湿防水シートの上に、厚み15mm程度の木製の胴縁を縦方向に打ち付け、それに外装材を留め付けて形成します。横胴縁の場合はどうしても上下方向の空気の流れや排水が阻害されるので、一定の間隔で隙間を設け、スペーサーで浮かせるなどの工夫が必要です。また、胴縁を使わず、サイディングの固定金物で通気層を確保する方法もあります。

　通気層が外壁の劣化軽減に必要であることは、ラスモルタル塗りなど湿式の外装でも同様ですが、工事費が増えるため、湿式外装では通気構法の採用は遅れています。

通気層の注意点

　注意点として、通気層内には部分的に建具枠が横断し、排水経路が中断します。また、建具枠の周囲や出隅や入隅は胴縁で通気層が塞がれやすく、これらの周辺の雨水処理や通気の確保に注意が必要です。また、通気層は薄いので、下地面材の無い壁では断熱材のはみ出しで塞がれたり、十分留め付けられていない透湿防水シート端部のめくれによって容易に塞がれるため、これらについても注意が必要です。

剛床開口

剛床とは

　強い床のことです。地震の際、建物に歪みやねじれによる変形が生じ
やすくなりますが、この地震に強く対抗するために重要なのが床の強度
になります。

　剛床工法とは、根太を設けず床下地合板を厚くして（24mm以上）、
直接、梁や大引きに留め付ける床組のことです。根太工法に比べ、地震や
台風時に発生する水平力に対して強く、火打ち梁を省くことができます。

　また、根太（高さ40～60mm程度）が無い分、天井を高くすること
もできます。別名、根太レス工法とも呼びます。

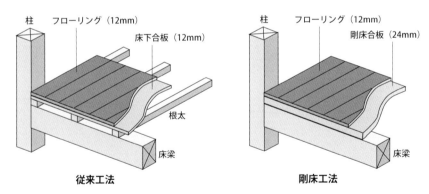

図5-2　床組工法

剛床開口・勾配根太とは？

　剛床工法でバルコニー床を行った場合、バルコニーの水勾配（１／
50以上）をとるため、床下地合板の上に勾配材を設置する必要があり
ます。これを「勾配根太」と呼びます。この勾配根太の上に防水下地合
板を施設し、バルコニー防水の下地を構成します。

　防水下地合板・床下地合板・勾配根太で閉塞された空間は、防水層下
の空間のため、漏水などにより水分が蓄積されやすくなります。この閉
塞空間に空気の流れを作るために、剛床に開口を設けることを「剛床開
口」と呼びます。

　また、バルコニー防水層から漏水した場合、雨水が剛床開口から流れ
落ち、階下の軒天、天井に染み出るため、漏水の早期発見につながります。

　必要開口量については規定がないので、構造体に影響を及ぼさない範
囲で設置するのが望ましいでしょう。

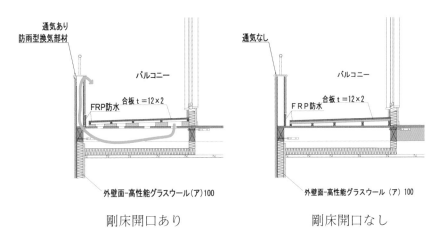

図5-3　バルコニー床納まり例

剛床開口あり　　　　　　　　剛床開口なし

写真5-1　剛床開口

ホールレス工法

ホールレス工法とは？

　屋根工事において、下葺き材に釘、ねじ、ステープルなどの緊結材による貫通孔を極力明けない工事方法のことです。

　二次止水層である下葺き材に多数の貫通孔を明けることは、防水上好ましいことではありませんが、一般の屋根葺き工法では、1m²あたり数十本の屋根葺き材緊結材のほか、桟木類の固定釘、下葺き材の仮留め用ステープルが下葺き材を貫通して打ち込まれています。

ホールレス工法の目的

　雨漏りや屋根下地の劣化防止のため、下地構成の工夫でこれらの貫通孔を必要最小限にするのがホールレス工法の目的です。「通気下地屋根構法」（P92）も、屋根葺き材の緊結具を下葺き材に貫通させないことがポイントになっており、一種のホールレス工法と言えます。

　野地板に下葺き材をステープルで仮留めする際に、留め付け位置を原則として流し桟木の位置とし、それ以外の場所に留め付けた場合は上に防水テープを貼ることにより、屋根葺き材の施工時点で目視できる範囲の下葺き面にステープルが露出しないようにする施工を、ホールレス施工と呼び、瓦葺きの高耐久工法における下葺き工事の仕様に採用されています。

FRP防水

FRPとは

　FRP（Fiber Reinforced Plastics）とは、繊維強化プラスティックの略称です。

　プラスチック（樹脂）をガラスマットなどで強化した複合材料。木造住宅のバルコニー防水として広く使用されています。

　特徴としては、液状の不飽和ポリエステル樹脂に硬化剤を加えて混合し、この混合物をガラス繊維などの補強材と組み合わせて一体化させて使うことが一般的です。これが塗膜防水層となり、強度・耐水性・成形性が優れていることから多くの木造住宅で使用されています。

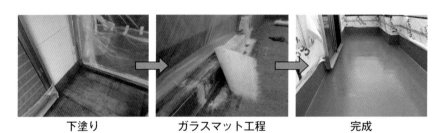

| 下塗り | ガラスマット工程 | 完成 |

写真5-2　FRP防水の施工例
（第一浜名建装社より）

FRP防水工事

　バルコニーの床は1／50以上の排水勾配を設けます。

　塗膜防水層の適正な膜厚を確保することが、信頼性の高い防水層を構成するために重要です。したがってFRP防水は、ガラス繊維補強材を2層以上に重ね、安定した防水層を構成します。

壁面との取り合い部分は、開口下端で120mm以上、それ以外の部分で250mm以上立ち上げ、その端部にシーリング材または防水テープを施します。

　ドレンは縦抜きを使用し、その真下には居室を設けないことが望ましいでしょう。

　ゲリラ豪雨やドレンが目詰まりした際、ドレンから排水しきれない雨水が居室内に浸水しないよう、手すり壁の壁面にオーバーフロー管を設けます。位置はサッシ下枠より低い位置に取り付けます。

FRP防水の注意点

　バルコニー防水においてとくに雨漏れ事故が多いドレンとサッシ周りの注意点を示しておきます。

・ドレン

　ドレン部は、排水のため雨水が集中するところです。成形されたドレン部材とFRP塗膜防水の繋ぎ目が経年劣化・地震などの挙動・施工誤差により亀裂が発生し雨漏れ事故となりやすいようです。

　よって、ドレン直下は居室とすることは避けるか、あるいは定期的に点検することが望ましいでしょう。

・サッシの取り合い部（サッシの後付・先付）

　バルコニー防水を施してから、サッシを取りつける（サッシの後付）ことが、雨仕舞いの観点から望ましいようです。しかし、防水工事完了までサッシを取り付けることができないため、施工性・防犯上敬遠されるケースもあります。

　その場合には、サッシとFRP防水層の端部にシーリングを施し、雨水の浸入を確実に阻止できるよう丁寧な施工が必要です。

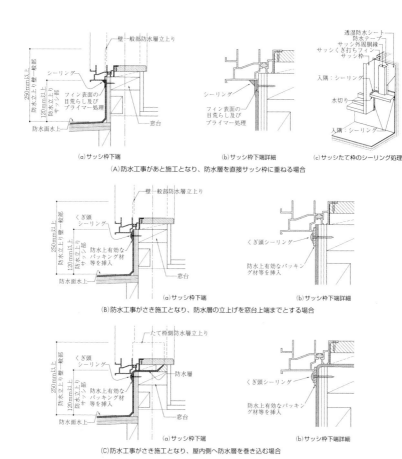

(a)サッシ枠下端　(b)サッシ枠下端詳細　(c)サッシたて枠のシーリング処理

(A)防水工事があと施工となり、防水層を直接サッシ枠に重ねる場合

(a)サッシ枠下端　(b)サッシ枠下端詳細

(B)防水工事がさき施工となり、防水層の立上げを窓台上端までとする場合

(a)サッシ枠下端　(b)サッシ枠下端詳細

(C)防水工事がさき施工となり、屋内側へ防水層を巻き込む場合

図5-4　サッシ下部の防水立上り納まり例
（住宅金融支援機構：木造住宅工事仕様書より）

金属防水

金属防水とは

　おもに塩ビ鋼板（ポリ塩化ビニル被覆鋼板）やガルバリウム鋼板などの、シート状に形成された高級化粧鋼板と独自のジョイント部材によっ

て、連続した防水層を形成する乾式工法です。

　その特徴としては塗膜防水工法やシート防水工法などのいわゆるメンブレン防水工法とは異なり、管理された工場で加工された部材を現場の形状に合わせて取り付けを行うため、施工精度が高くどの現場も一定の仕上がりが確保できます。

　また、遮熱塗装や高耐久塗膜の開発によって、より高性能な商品も発売され、長期耐久性にも優れるため30年一括保証できる商品などもあります。

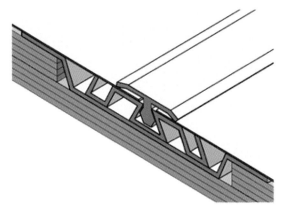

図5-5　金属防水ジョイント部

金属防水工法

　金属板を用いた防水工法の一例を図5-5に示します。この工法では、三層構造のエキスパンションジョイント部材によって鋼板をジョイントしていくため、木造住宅特有の建物の揺れや伸縮に追従することができ、大面積のバルコニーやフラットルーフ等に広く使われています。

　また、近年は特に狭小な都市部の住宅事情に合わせ、木造住宅の屋根を屋上として利用するニーズの高まりから、屋上緑化やグランピングなどに対応するオプションも数多く設定されています。

金属防水の注意点

　バルコニー等の防水の場合、ドレイン周りとサッシ周りや外壁との取り合いからの漏水事故、壁や床下地部分の通気の取り方の問題による結露の発生について特に注意すべき点が多く、各専門業者との打ち合わせが重要となります。

　金属防水の場合のドレインについては、通常塩ビ製のルーフドレインで鋼板を挟み込んで取り付けるため、経年劣化の可能性は非常に低いのですが、その他の部分については施工前に細かく仕様を設定することが、漏水事故発生の抑止につながります。

　また、近年特に問題視されている結露については、建物自体の性能（通気や断熱等）によりますが、特に通気経路の設定が難しいバルコニー構造については、通気部材の専門業者を交えた打合せを行うことを推奨します。

シート防水（塩ビシート防水）

　木造住宅の多くでは、FRP塗膜防水が使用されていますが、プレハブ住宅ではシート状に成形された乾式部材を用いて防水層を構成することが多いようです。プレハブ住宅メーカーでは、安定した品質を確保するために工場で構造体・外装材・防水材の生産、組み立てを行っています。FRPのような塗膜系防水は乾燥までに時間がかかるので、工場生産には不向きな材料だといえるでしょう。

　また、塩ビシート自体が柔らかいため、地震・台風・歩行時などの構造体・下地の挙動に追従しやすい面があります。つまり、大型バルコニーやフラットルーフ、鉄骨軸組構法の住宅などに適しています。

写真5-3　塩ビシート防水層

▶ 塩ビシートとは

　塩化ビニール樹脂を原料とし、カレンダーロールや押し出し機でシート状に成形した防水材料のことです。

　接着剤や塩ビ鋼板などで下地合板に固定し、シート同士のジョイント部を溶融一体化して連続した防水層を構成します。現場でシートを一体化できるという特徴があります。

　寸法安定性を確保するために、塩ビシートを基布で補強した複合シートが用いられます。

▶ 塩ビシート防水工法

・下地固定方法

　接着工法：下地合板全面に接着剤を塗布し、シートを固定します。下地合板と均一に固定されるので、耐風圧に優れています。歩行時に下地合板継ぎ目に応力が集中し、シートが切れることを抑制するために下地合板の継ぎ目に絶縁用のテープを用います。

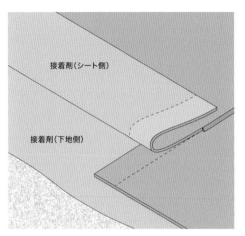

図5-6　塩ビシート（接着工法）
（田島ルーフィング社より）

　機械的固定工法：下地合板に塩ビ鋼板などのディスクを固定し、その鋼板とシートを熱溶着などで固定します。下地の挙動による影響が少ないため、多くの下地に適しています。

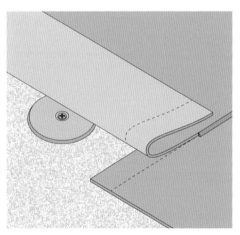

図5-7　塩ビシート（機械式固定工法）
（田島ルーフィング社より）

開放型と閉鎖型
（手すり壁・パラペットの通気層）

閉鎖型とは

　手すり壁やパラペットに通気層がある場合、最上部の笠木下で通気層の出口が塞がってしまうのが「閉鎖型」です。バルコニー手すり壁やパラペットの上端は、笠木取り付け前の降雨時に手すり上部より通気層内に多量の雨水が浸入することを避けるため、あるいは工事業者の室内外の移動時に足場から乗り移る際に、上部の防水層が破損することを避けるために、上面を養生板などで塞ぐ場合があります。そのまま笠木を取りつけてしまうと、通気層の上部が閉塞し、通気構法が機能しなくなってしまいます。（図5-8）

　バルコニー手すり壁は、軒の出より外側に配置されている場合が多いため、雨がかりが多く、通気層内は雨や結露による水分の浸入が想定される部位です。かつ、日当たりのいい面に設置されているため、日射で通気層内の空気が暖められ、多くの水蒸気を含んだ空気が、通気層内を上昇していきます。そのため、通気層上部は、排湿ができるように開放しなければいけません。

　上部を閉塞させると、通気層内部の水蒸気を含んだ暖かい空気が低温部に触れて結露を生じ木材腐朽の原因となる恐れがあります。とくに、手すり壁の内側は非透湿性の防水層・鞍掛けシート・防水テープで構成されている場合、手すり内部の湿気が透過せず、日射が当たらないため低温になりやすく結露が発生しやすくなります。

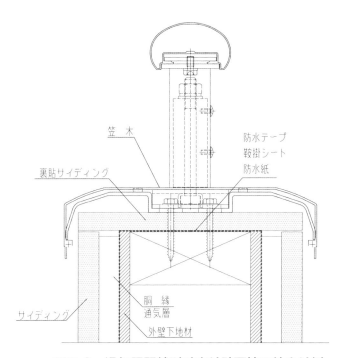

図5-8　通気層閉鎖型手すり壁天端の納まり例
（不適切な納まり例）

笠　木
裏貼サイディング
防水テープ
鞍掛シート
防水紙
サイディング
胴　縁
通気層
外壁下地材

開放型とは

　通気層内の水蒸気を排湿するために手すり上部を開放する必要があります。しかし、上部の養生板を外しただけでは、排湿は可能ですが強風時に雨水の浸入が発生し、漏水の恐れがあります。（図5-9）

防雨型とは

　そのため、通気層内の水蒸気を排湿しながら、雨水の浸入を防止するような防雨型通気部材を通気層上部に設置することが望ましいでしょう。

　雨水浸入リスクが少なく、通気経路も確保できるので、結露リスクを抑制することができます。防雨型通気部材のうち手摺壁の側面に固定するタイプのものは、手すり壁天端からの漏水リスクも低減することができます。（図5-10,11）

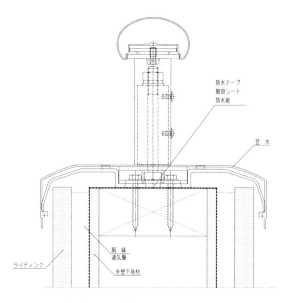

防水テープ
鞍掛シート
防水紙

笠　木

サイディング

胴　縁
通気層

外壁下地材

図5-9　通気層開放型手すり壁天端の納まり例

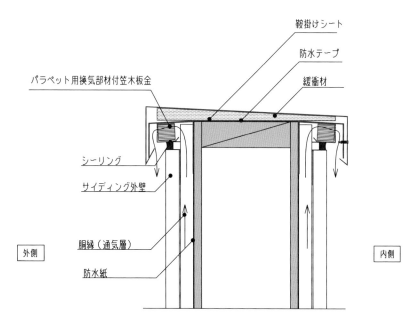

鞍掛けシート

防水テープ

緩衝材

パラペット用換気部材付笠木板金

シーリング

サイディング外壁

胴縁（通気層）

防水紙

外側

内側

図5-10　防雨型通気部材を用いたパラペット天端の納まり例

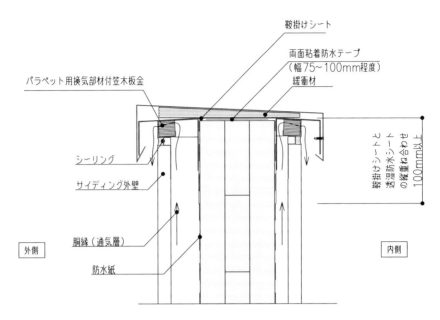

図5-11　防雨型通気部材を用いたCLTのパラペット天端の納まり例

ハウスラップ

ハウスラップ（防風層）とは

　面材を用いない仕様の外壁通気構法では断熱材が直接通気層に面します。通気層は外部に開放されているので、冬季、冷たい外気がグラスウールなどの断熱材の中に侵入すると断熱性を大幅に低下させる危険があります。

　それを防ぐために防風層（ハウスラップ）の設置が必要なのです。防風層には、外部風は遮断するが、湿気は通すという性質を有する材料が適しています。おもに透湿防水シートなどが用いられます。

透湿防水シートの留め付けには、つづり針（ステープル）を用います
が、強風にあおられ針の留め付け穴が広がる恐れがあります。そのため、
壁に面材を用いない構法の場合は、強度・防風性の高い透湿防水シート
を使用することが望ましいでしょう。

ハウスラップ（防風層）とベーパーバリア（防湿層）

・ハウスラップ（防風層）

　対象：空気の移動を抑制します。

　おもに外壁通気構法において、通気層から冷気が断熱層に入ることを
防ぎます。

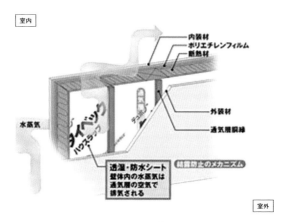

図5-12　ハウスラップとベーパーバリア
（旭・デュポンフラッシュスパンプロダクツ社HPより）

・ベーパーバリア（防湿層）

　対象：水蒸気（湿気）の移動を抑制します。

　通常は冬季に室内の水蒸気が壁体に侵入して壁内結露が発生するのを
防ぐため、透湿抵抗が高い素材を壁体の暖かい側（断熱材の居室側）に
施工します。図5-12のポリエチレンフィルムが防湿層です。

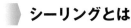

目地のシーリング

第5章 木造住宅の基礎知識（外装仕上げ編）

▶ シーリングとは

　シーリングは、外壁材とサッシなどの建具の取り合い部からの雨水浸入を防止するために施すゴム状の弾性を有する防水材料です。外壁材の収縮や風雨など自然現象にともなう建物の揺れ・動きに追従するように弾力性を持たせてあります。

　とくに窯業系サイディングを用いる通気構法の場合、窯業系サイディングの乾湿繰り返し、および部材の硬化収縮によるムーブメントを考慮する必要があります。一般的にシーリング目地に対し2mm程度の伸縮ムーブメントが環境変化により発生します。

　このムーブメントに追従するために、応力緩和性の大きいシーリング材、または低モジュラス（やわらかい材料）のシーリング材が適しています。また、シーリング材を適切に被着体と接着させるために、被着体にプライマー塗布したあと、シーリングを施します。

▶ 設計・施工上の注意点

・シーリング材の選定

　窯業系サイディングに使用されるシーリングは、おもに耐候性に優れた変成シリコーン系シーリングが使われます。

　また、シーリングの上に塗装を施す場合は、おもに耐疲労性に優れたポリウレタン系シーリングが用いられます。シーリングやプライマーの選定には被着体ごとに適性が異なるため、外装材製造所が指定するものを使用するといいでしょう。

・3面接着の防止

　シーリング目地には様々な外力が発生します。この動きに適切に追従

するために3面接着を避け、2面接着になるようにします。

　3面接着とは、シーリングが被着体の2つの接着面の他に、目地底にも接着している状態のことです。

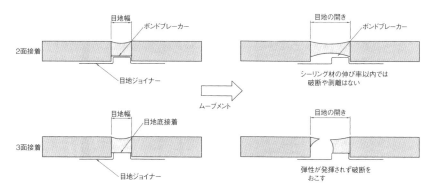

図5-13　三面接着の防止
（日本窯業外装材協会：窯業系サイディングと標準施工より）

　目地の伸縮時に目地底のシーリング接着面に応力が集中し破断する危険があります。この3面接着を避けるために、目地底にはシーリングが接着しない材料となるボンドブレーカーやバックアップ材を使用します。

・目地設計

　シーリングの目地幅は10mm、目地深さは8mm程度が望ましいでしょう。

　目地幅が狭い場合や深さが浅い場合、外壁材などの収縮に追従できず、破断・剥離を引き起こします。また、深すぎる場合、シーリングの種類によっては、硬化不良や硬化遅延による損傷・ふくれなどが発生する恐れがあります。

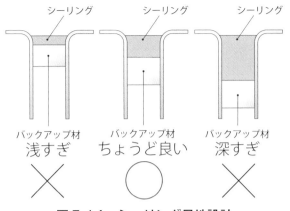

シーリング　　　シーリング　　　シーリング

バックアップ材　　バックアップ材　　バックアップ材

浅すぎ　　　ちょうど良い　　深すぎ

×　　　　　　○　　　　　　×

図5-14　シーリング目地設計

▶ 劣化事例

　シーリングの設計・施工を間違えるとシーリングの破断・剥離などが
早期にあらわれ、漏水を引き起こす可能性があります。こうした問題点
に注意し適切な選定が必要です。写真5-4～6におもな劣化事例を示し
ます。

三面接着によりシーリング材が追従しない

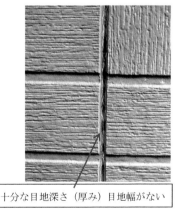

十分な目地深さ（厚み）目地幅がない

写真5-4　シーリングの目地やせ

国総研資料975号共同研究成果報告書「木造住宅の耐久性向上に関わる建物外皮の構造・
仕様とその評価に関する研究」より（写真5-5、5-6も同じ）

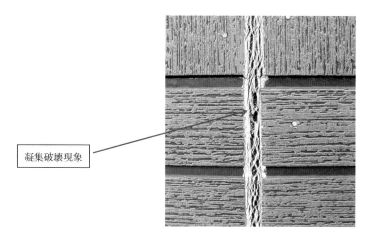

凝集破壊現象

写真5-5　シーリングの凝縮破壊

シーリング材
ふき取り後の
白化

シーリング材
ふき取り後の
白化

写真5-6　シーリングまわりの白化

通気下地屋根構法

通気下地屋根構法とは？

　通気下地屋根構法とは、屋根材と下葺きの間に連続した通気層を設ける屋根の葺き方。外壁の通気構法の屋根への応用と考えれば良いでしょう。

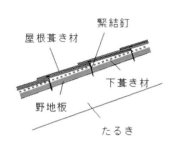

通常の屋根葺き構法

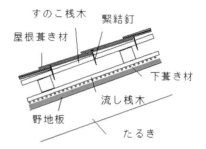

通気下地屋根葺き構法
（すのこ桟木式のほか、二重野地式、通気排水流し桟式がある）

図5-15　通常の屋根構法と通気下地屋根構法

　外壁、特にサイディング張りなど乾式外装材を用いる外壁では通気構法が一般的に採用されていますが、屋根では、瓦類を除いて屋根材が下葺きに密着する状態で葺かれており、通気層はありません。瓦の場合は桟木で下葺き面から浮いた状態になっていますが、瓦下の空間は桟木で仕切られた形になっており、排水や通気は十分とは言えません。

在来の下地屋根構法の問題点

　特に問題なのは、屋根葺き材を桟木や野地板に留め付ける釘やねじが、止水層である下葺き材を貫通していることで、このため、屋根葺き材の間や納まり部から下葺き上面に浸入した雨水が貫通部から下に回り、雨

漏りや下地の劣化のリスクが高いことです。また、葺き材が密着しているために浸入雨水が滞留しやすく、水分が放出され難いことも雨漏りや劣化のリスクを高めます。

　2011年度から5年間実施された国土技術政策総合研究所（国総研）主催の共同研究「木造住宅の耐久性向上に関わる建物外皮の構造・仕様とその評価に関する研究」では、通気下地屋根構法を専門に検討する分科会を設け、施工性や各種の性能を実験で検討し、設計施工要領をとりまとめています。[1]

1) 前出　国総研資料第975号

通気下地屋根構法の特長

　通気下地屋根構法の特長は、屋根葺き材の緊結材が下葺きを貫通しないため、防水性が高まり、下地の劣化リスクが低減すること、連続した通気層があるために屋根面から浸入した雨水が円滑に排出され、また、内部の湿気が放出されやすいこと、屋根葺き材のメンテナンスや更新を行う際に下葺き材や野地板を傷めないことなどです。このため、通常構法に比べるとメンテナンスの頻度や費用を減らすことができ、初期コストは増えますが、特に耐久性の高い屋根材を用いた場合はライフサイクルコストとしては安くなるため、今後の普及が期待されます。

水抜き孔

水抜き孔の役割

　外壁や建具の最下部に内部に集まってくる水を抜くために設ける孔。英語ではweep hole　と呼ばれます。

写真5-7　アルミサッシ下枠の水抜き孔

　抜く必要のある水は壁内や建具枠内に浸入する雨水と結露水です。通常、部材の側面や下面に数mmから数cm大の開口を設けますが、水を溜めずに排出する働きは、外壁通気層の下部のスリット状開口や、引き違いサッシ下枠のレールの切り欠きも同じです。欧米で多いレンガ壁のcavity wall,では、中空層に浸透した雨水を排出するため、各階レンガ外層の最下層で縦目地の一部をモルタルを詰めない空目地にしてweep holeにしています。

写真 5-8　brick veneer wall の weep hole
れんがの縦目地が２本おきに空目地になっている。
カナダ、Vancouver 市内

水を適切に排出しなければならない

　このような個所に集まってくる水を適切に排出しないと、溜まった水
によるカビ、腐朽、腐食の発生やおさまりの形状や位置によっては室内
への水漏れの原因になります。水抜き孔は小さく目立たない存在ですが、
これらの不具合を防ぐ重要な役割を持っています。

　直接外部に水を抜くのが一番簡単ですが、高層建築物の外壁では風圧
による逆流の恐れがあり、また、寒冷地では凍結による排水支障やつら
らが成長するなどの問題があるため、このような場合は屋内に配管して
水を処理します。

真壁と大壁

真壁と大壁の違い

　木造建物における壁体の構造形式の違いのことです。真壁は壁仕上げ面が柱や胴差などの軸組材の内法（うちのり）に納まり、軸組材は露出している形式です。大壁は軸組材の上に壁仕上げを行い、軸組材は外から見えない形式です。

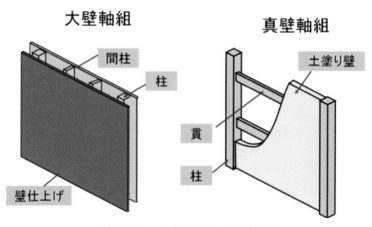

大壁軸組

間柱
柱
壁仕上げ

真壁軸組

土塗り壁
貫
柱

図5-16　大壁軸組と真壁軸組

　日本の伝統的木造建築は真壁形式で、太い丸柱の中心を横方向に連結する部材、貫（ぬき）を包むように小舞下地土塗り壁を施工することから始まったものです。柱が四角形になり、細くなった後も受け継がれ、昭和初期頃までの木造住宅で採用されていました。

　その後はラスモルタル塗りなどの大壁形式が主流になりましたが、現在でも和室の内部は真壁形式が残っています。ただし、壁下地は土塗りではなく、乾式のボードを用いるのが一般的です。

真壁と大壁の問題点

　真壁は、軸組木部が露出しているので、防火の規制をクリアすることが難しく、地震力や風圧力に対しても大壁のように大断面の筋かいや、面材を用いて構造耐力を高めることが容易ではありません。また、壁厚が薄いために断熱や遮音などの性能面でも大壁形式に比べて不利です。

　しかし、真壁の最大の特長は、軸組木部が露出しているため、濡れても乾燥しやすく、また、万一劣化しても発見が容易なことです。一方、大壁は軸組が内外の壁仕上げに覆われ、壁内に雨水の浸入や結露が発生すると乾燥が遅れ、劣化しやすい条件になります。また、劣化が進行しても発見されずに被害が甚大になるまで放置される危険があります。

真壁形式を見直す

　法隆寺を始めとする古い木造の寺社建築や、江戸期に建てられた民家が、現在も健全さを保っているのも真壁形式であることが大きな要因と考えられます。長期優良住宅の普及促進など、木造建築の長寿命化の機運が高まっている今日、大壁に比べて耐久性に優れた真壁形式を見直そうとする動き[1]もありますが、耐久性と防火、構造耐力、省エネ性などの諸性能の両立が課題です。

1) 真壁木造の長期優良住宅実現のための手引書、一般財団法人住宅都市工学研究所、
　2012年

ベタ基礎

布基礎とベタ基礎

　家の重さを地面に伝える部分を基礎といいます。この基礎には鉄筋コ

ンクリートが使われますが、大きく「布基礎」と「ベタ基礎」にわかれます。

「布基礎」は、建物の壁に沿ってコンクリートを打っていく基礎のことです。日本の住宅ではこれまでに広く採用されて来ました。「ベタ基礎」に比べるとコンクリートの量が少なくてすみますのでコストを抑えることができます。

布基礎とベタ基礎の長所と短所

「ベタ基礎」は、壁部分だけでなく、床下全体にコンクリートを打って作る基礎のことです。「ベタ基礎」のほうが、建物の重さが面全体で地面に伝わるので、地盤への負担が分散されます。建物自体が重い場合とか、地盤のゆるい場所では、「ベタ基礎」は必須となります。

コスト面では「ベタ基礎」のほうが高くつきますが、「構造の安定性」や「施工しやすさ」「床下からの湿気低減」などは「ベタ基礎」のほうが優れています。ただし、シロアリ被害に関しては「ベタ基礎」でもコンクリートの打ち継ぎ部などの隙間からシロアリが浸入する場合があります。「ベタ基礎」だからと安心せず、シロアリ対策を万全にしておく必要があります。

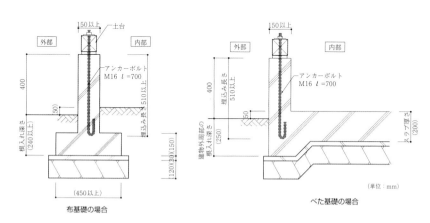

図5-17 基礎の種類
（住宅金融支援機構：木造住宅工事仕様書より）

第 **6** 章

防火対策

防火と法規

　建築基準法では、単体規定と集団規定の2種類の規定が存在します。単体規定は建物の規模や用途に応じて設けられている規定で、集団規定は建物の立地に応じて設けられている規定です。

　住まいの耐久性を入り口として防火対策を考えていく場合、まず集団規定を理解することが重要です。単体規定は、ある一定規模以上、そして病院や飲食店等、避難困難者や出火リスクの高い用途に対して、上乗せして要求される規定です。単体規定の1つ法21条を例に挙げると、階数が4階建て以上あるいは高さが16m以上又は、延べ面積が3000㎡を超える木造建築物については、火災が終了するまでに倒壊しないよう対策が求められています。

　集団規定は、延焼が広がりやすく、また火災時に被害を受ける対象が多い密集市街地や駅前などの地域に対して、上乗せして要求される規定です。この火災安全上のリスクは、防火地域、準防火地域、法22条区域の3つで等級分けされています。大まかにいえば、駅前の商業施設などは防火地域、その周辺の市街地には準防火地域、それ以外の地域は法22条区域がかけられていることが多いが、田畑の多い農村地域では法22条区域すらかけられていない場所も多く存在します。規制の厳しさについては、防火地域が最も厳しく、次いで準防火地域、法22条区域の順となっています。

コラム　木造住宅の火災事例

　防火対策の重要性を示す例として、2016年の糸魚川市街地火災の火災調査報告を紹介します。図6-1で色の塗られているのが延焼範囲であり、被災建物の構造種別を色別に表すと、被災建物の約9割が木造であることが分かります。また図の下方にスケールを表示していますが、かなり建て詰まった密集市街地であることが分かります。糸魚川市では過去3度、大火があり、現存していた建物の多くは、昭和7年の大火後に建設されたまま、更新されていなかったこと。それらは大火後の復興であるため、性急に建てられ良い普請ではなかったこと。特に昭和25年制定の建築基準法以前であり、防火対策が施されていない裸木造であったこと、そして密集市街地であったことが延焼を助長したと考えられています。木造でも、酒蔵の土蔵や、新しく建てられた防火構造の住宅は延焼を免れたものがみられ、写真6-1のように焼け野原にぽつねんと残り、防火対策の重要性を雄弁に物語っています。

図6-1　被災建物の構造種別

写真6-1　防火対策が延焼の有無を分けた火災事例

　また建物の外周は、壁と開口部で出来ていますが、戸や窓等の開口部は、人の出入りや通気そして採光のために設けられるものでありますから、当然、火も、壁より開口部の方が突破されやすく、弱点となることが、写真6-2のRC造の被災建物の様子から分かります。外皮を構成する要素としては、軒裏も、出火建物から伸びる火炎に直接さらされる部位となり、延焼の起点となりやすくなっています。最後に屋根は、屋外から直接火炎にさらされることは少ないですが、出火建物から風に乗って広範囲に運ばれる、火の粉を介した延焼に注意する必要があります（写真6-3）。糸魚川市街地火災は、特に風が強い日であったこともあり、この飛び火による同時多発火災が消防力の分散につながり、延焼の拡大を招いたことが報告されています。

写真6-2　開口部から延焼した
RC造建物

写真6-3　飛び火により
屋根から延焼した建物

延焼のおそれのある部分

　火炎からの直接の熱に対しては、建物同士を離すことが肝要です。しかし市街地等、敷地に余裕がない場合は、延焼リスクの高い部分について、防火対策を強化することで、これに替えることとしています。ここで、延焼リスクの高い部分というのは、立地上の範囲と、火炎からの直接の熱を受けやすい建物の部分の2つを指しています。前者は、まず広範囲に、特に建て詰まっている地域である、防火地域・準防火地域に対して網をかけた上で、更に自己の敷地内部で、敷地境界からの距離に近い部分（＝延焼のおそれのある部分）を対象にしています。後者は、建物の外皮を構成する部材の内、火炎から直接の熱を受ける部位として外壁、開口部、軒裏を対象としています。

　前者の延焼のおそれのある部分は、具体的には、①道路に面する外壁面については道路中心線、②隣地に面する外壁面については隣地境界線、③同一敷地内に複数の建築物がある場合は外壁中心線からの距離が、1階にあっては3m、2階にあっては5mまでに含まれる自己の建物の部分について、防火対策が要求されることとなっています。ここで階によって距離が異なっている理由は、火炎からの受熱量は、距離が大きくなるほど減衰するため、加えて図6-3に示すように、開口部から噴出する火炎は、前面上方に向かって伸びるためです。

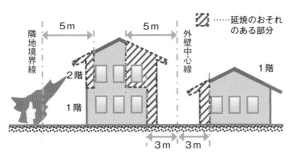

図6-2　延焼のおそれのある部分

図6-3　開口部から
噴出する火炎の熱映像

不燃と耐火

　重要で混同しやすい2つの概念である「不燃」と「耐火」について解説します。図6-4は、小屋組は鉄骨造、柱は木造の建物の火災後の様子です。鉄は燃えない材料であるが、熱伝導率が高く、内部まで即座に熱を伝えます。600℃で弾性係数が約6割に低下します。火災時の室内は1000℃を超えることも少なくないことから、図のように大きくたわんで崩れ落ちてしまいます。一方、木材表面の着火温度は260℃と低く、燃え始めるのは早いため、図のように表面が黒く炭化した状態に見えますが、熱伝導率は低いため、芯まで熱は通っておらず、火災時においても、焼け細る速度（炭化速度という）は約1mm/分と、比較的緩やかになります。

　防火対策においては、種火から壁面や屋根面全体に炎が燃え広がるのを防ぐためには、不燃性が重要となります。一方、既に燃え盛る状態にあって、壁が倒壊して周囲に延焼を広げたり、建物が倒壊しないためには、耐火性が重要となります。よって隣棟間の延焼については、後者の耐火性が、屋根の飛び火や、室内での火災初期での燃え広がりを防ぐ内装制限については、前者の不燃性が問われることとなります。「不燃性」と「耐火性」いずれも、性能が担保される時間とセットで取り扱われており、不燃性でいえば、難燃（5分）、準不燃（10分）、不燃（20分）の3種類があります。

図6-4　不燃材の小屋組、可燃材の柱で構成された建物の火災後の様子

外皮に求められる耐火性能

　耐火性能については、防火構造（30分）、準耐火構造（45分・60分）、耐火構造（1時間・2時間・3時間）といった分類があります。法規上、立地・規模・用途に応じて、また建築物の部位に応じて異なる性能が要求されます。図6-5に立地と規模（階数と床面積）による構造制限を示します。例えば、木造の住宅（2階建て500㎡以下）を想定すると、準防火地域に建物が存在する場合、延焼のおそれのある部分に位置する外壁・軒裏には防火構造が、開口部には防火設備が要求されます。

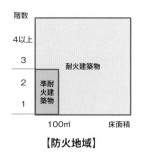

【防火地域】

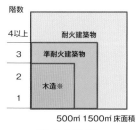

【準防火地域】

※延焼のおそれのある部分の外壁・軒裏は、防火構造とする

【法第22条区域・その他】

※学校等の特殊建築物に限り、延焼のおそれのある部分の外壁・軒裏は防火構造とし、延べ面積1000㎡毎に防火壁を設ける。また3000㎡を超える場合は、壁等による区画が必要

図6-5　立地と規模に応じた構造制限

外壁や軒裏の防火

　外壁の防火構造の例を図6-6に示します。また軒裏の防火構造の告示仕様は、外壁の屋外側仕様と同じとなります。このことからも分かるように、外壁と軒裏の取り合い部は、すき間を設けずに連続して被覆することで、炎や熱の侵入を防ぐことができます。また軒の出が長くなる場合は、垂木から吊り木で軒天下地材を支えるなどの注意が必要となります。他に、軒裏に換気口を設ける場合には、これに適した大臣認定仕様が認められています。また垂木を現しにしたい場合は、野地板や垂木に断面の大きい材を用いた上で、桁と垂木の間に肉厚の面戸板を設ける方法なども準耐火構造で紹介されています。

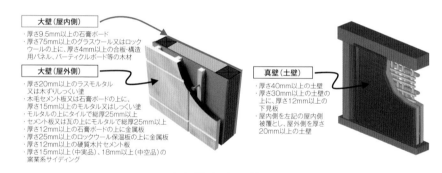

大壁（屋内側）
・厚さ9.5mm以上の石膏ボード
・厚さ75mm以上のグラスウール又はロックウールの上に、厚さ4mm以上の合板・構造用パネル、パーティクルボード等の木材

大壁（屋外側）
・厚さ20mm以上のラスモルタル又は木ずりしっくい塗
・木毛セメント板又は石膏ボードの上に、厚さ15mm以上のモルタル又はしっくい塗
・モルタルの上にタイルで総厚25mm以上
・セメント板又は瓦の上にモルタルで総厚25mm以上
・厚さ12mm以上の石膏ボードの上に金属板
・厚さ25mm以上のロックウール保温板の上に金属板
・厚さ12mm以上の硬質木片セメント板
・厚さ15mm以上(中実品)、18mm以上(中空品)の窯業系サイディング

真壁（土壁）
・厚さ40mm以上の土壁
・厚さ30mm以上の土壁の上に、厚さ12mm以上の下見板
・屋内側を左記の屋内側被覆とし、屋外側を厚さ20mm以上の土壁

図6-6　防火構造（外壁）の例示仕様

開口部の防火

　開口部については同じ耐火性であっても、要求水準が異なるため、防火設備（20分）と特定防火設備（主に大規模建築物で要求・60分）と、

名称の異なる分類となっています。窓の防火設備の告示仕様は、「鉄及び網入ガラスで造られたもの」又は、開口面積が0.5㎡以下と小さい場合に限り、「防火塗料を塗布した木材及び網入ガラスで造られたもの」が規定されてきました。そして近年、省エネ対策のため増えてきた断熱性能の高い木製や樹脂製の枠や、透明の耐熱結晶化ガラスで造られた窓についても、告示仕様が追加されました。寸法制限や開閉形式、火災時に脱落しないような留付け方法、火災時に隙間が生じないような封止材を施すこと等の条件付きとなっていて、詳細をすべて説明するのは省きます。要点としては、図6-6に示すように、ガラスを枠に設置するためのセッティングブロックや、ガラスを枠に固定する、バックアップ材の不燃化、防水用のシーリング材についても、着炎しづらいよう難燃化、そして高温で膨らんですき間を塞ぐ、加熱発泡材を挿入する等の工夫によって、火災に耐えるようになっています。

　また窓は、近年、現場施工されるものは少なく、多くが工場生産であり、壁や軒裏といった他の建築部位に比べて、工業製品化が進んでいます。そのため個別に大臣認定を受けた仕様が多くなっています。

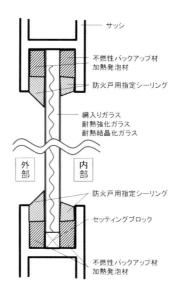

図6-7　防火設備の窓におけるガラスとサッシ枠間の施工断面図

　開口部同様、換気ダクトの外壁面取り付け部については、延焼のおそれのある部分に含まれる場合、延焼経路とならないよう防火対策が必要となります。一般には、図6-7に示す防火覆いを設けることで、防火設備扱いとすることができます。

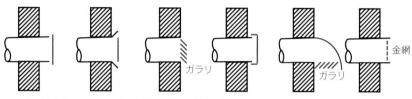

・換気ダクトの開口面積は、100cm²以内であること
・鉄、ステンレス又は厚さ1.2mm以上のアルミ製であること
・右端の形状については、換気口の高さが地面から1m以下で、網目2mm以下のものに限る

図6-8　換気ダクトの防火覆い

屋根不燃

　延焼のおそれのある部分の解説で、火炎から直接の熱に対する防火対策を要求する建物部位には、屋根は含まれていませんでした。それは上面を向いている屋根は、火炎から直接の熱にさらされることは少ないためです。しかし屋根に対しては、風に乗って運ばれるおびただしい数の火の粉にさらされるおそれがあり、その加熱は、火炎からの直接の熱と比較すれば小さいものではありますが、糸魚川市の火災事例で見たように、無視できるものではありません。

　そのため、屋根については、防火地域・準防火地域だけでなく、法22条区域も含めたエリアに位置する建築物に対して、飛び火による延焼を防止する対策が要求されています。告示として例示されている対策は、「不燃材料で造るか、又はふくこと」となっています。そこで不燃

材料について見てみますと、いくつかの材料が挙げられていますが、屋根に用いるものを抜き出すと、瓦、金属板、ガラス、石等が挙げられています。

　住宅のバルコニーは、通常、屋根として扱われます。この場合、人が歩行するのに適した材料で、大臣認定を受けた仕様が使用されることが多くなっています。また建物の規模が大きくなる共同住宅や、児童福祉施設等で、避難上有効なバルコニーとすることが求められる場合は、防水仕上げとして飛び火防止性能を持つふき材の下に、火災時に床が抜けないよう耐火被覆が必要となることに注意が必要です。

告示仕様と大臣認定仕様

　壁であれ軒裏であれ、火災にさらされる建築部材に、ある一定時間、耐火性能を担保させるためには、防火被覆を施すことが基本となります。その際、被覆厚を増せば、その分高い効果が得られます。ただし、熱伝導性は材料によって異なる他、材料が含む水分量や、熱に対する劣化のしやすさも関係するため、同じ耐火性能を得るために必要な被覆厚は、これまで見てきたように、用いる材料によって異なります。また建材の表面に張り足されることから、経済性はもちろん、遮音や調湿といった機能性、そして意匠性の面からの要求も併せて考える必要があります。

　そこで告示に例示されている仕様の他に、新しい材料を用いる場合、性能評価試験を行い、大臣の認定を得ることが可能となっています。注意点としては、告示では、材料毎に性能担保に必要な厚みと組み合わせ程度しか示されていませんが、防水や断熱、耐震などの諸性能と同じく、火炎や熱の侵入を防ぐためには、すき間の無い収まりや、脱落しにくい留付け間隔とする必要があります。

　大臣認定仕様については、日本木造住宅産業協会、日本ツーバイフォー

建築協会、日本建築仕上材工業会等の業界団体、留付け等の標準施工要領については、日本左官業組合連合会や石膏ボード工業会など各メーカーのホームページで詳しい情報が得られるため参照して下さい。

防火対策の性能評価

　外壁や軒裏、開口部の評価は、耐火炉を用いて、これらの部材を加熱し、耐火性能を評価する耐火試験が行われます。先に火災時には1000℃に至ることも稀ではないことを紹介しました。耐火試験では、図6-9に示す標準加熱曲線に沿って、様々な要求耐火時間の分類から、目標とする時間に対して加熱を行います。また安全と費用の観点から、建物の一部を取り出して再現した、試験体を用いて加熱を行いますが、実際に建物の荷重を背負った状態を模擬して、加熱が行われます。

　耐火性能は3つの性能に細分化でき、非損傷性、遮熱性、遮炎性を確認することになります。非損傷性は、外壁のような荷重支持部材に限って、加熱中に耐力を失って崩れないことを、変形量や変形速度で確認します。遮熱性は、非加熱側（屋内）に伝わる熱が規定値を超えないことを、遮炎性は、火炎が貫通する隙間が生じないことを確認します。一方、開口部に要求される防火設備については、壁と異なり、遮熱性は要求されず、遮炎性のみの要求となります。これは、開口部の周囲には可燃物が置かれにくく、遮熱性の喪失による延焼よりも、その可動性ゆえ、すき間が生じやすいこと、またガラスが設けられやすく、その割れによる遮炎性の喪失で延焼が生じやすいことを重要視しているためです。

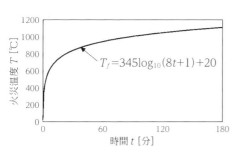
$$T_f = 345 \log_{10}(8t+1) + 20$$

図6-9　標準加熱曲線と耐火試験の状況

　屋根の評価は、一定の傾射角に設置された試験体の上面に、送風機により風速3m/sの風を当てながら、火の粉を模擬した木材クリブの火種を設置して、燃え広がりを確認します。試験時間は30分、その間、試験体表面に沿った火炎の拡大や、試験体を貫通する燃え抜け、および裏面での着火の有無について確認します。防火地域・準防火地域と、法22条区域では、用いる火種の大きさが異なり、前者の方が大きいものを用います。

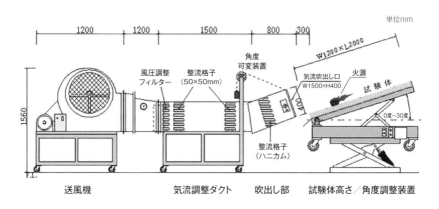

図6-10　飛び火試験（（一財）建材試験センターHPより）

第7章

健康と快適

24時間換気

24時間換気とは？

24時間365日、停止せずに行う機械換気のことです。常時換気とか一般換気、あるいは全体換気、計画換気という場合もあります。これに対して、必要なときに必要な場所（室）だけで行う換気を局所換気といいます。住宅のトイレ・浴室・台所などのいわゆる水まわりでは、水蒸気や臭いの発生があるので、昔から換気扇を取り付け、必要な場合のみ換気扇を稼動させ、換気を行うのが常識でした。つまり、局所換気は昔から広く受け入れられ、そのための設備は当たり前でした。

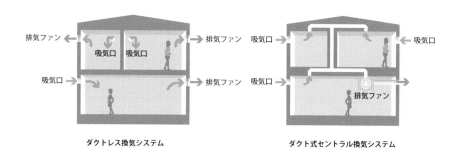

ダクトレス換気システム　　　　　ダクト式セントラル換気システム

図7-1　24時間換気システムイメージ図

なぜ24時間換気が必要なのか？

24時間換気という概念(あるいは設備)がなぜ導入されたかといえば、それはシックハウス問題（次項「シックハウス」を参照）対策のためです。1970年代のオイルショック以降、1980年代頃から省エネルギーの観点から木造住宅においても断熱化と気密化が叫ばれ、また構法の合

理化・構造耐力の向上のために合板やフローリングなどの面材や壁紙が多く使用されはじめました。

　これらの建材等の中には、接着剤などの成分として人体に有害な化学物質（ホルムアルデヒドなど）が含まれているものが大量にあったので、健康被害を訴える居住者が数多発生しました。政府はこのための対策として、2003年に建築基準法を改正し、ホルムアルデヒドを含む木質建材などの使用の制限、及び、全ての居室に24時間換気設備の設置を新築住宅等に義務付けたのです。住宅の新築時に有害な化学物質の濃度が高くても、24時間連続して何日も換気すれば、その濃度は低下し、健康被害は減るであろうという見通しです。住宅事業者の中には、エネルギーを使う機械式換気装置の設置に抵抗を示す人も多く、建築基準法の改正には大きな議論がありました。その結果、シックハウス問題は急速に収束しました。

シックハウス

意図しない気密化

　日本の住まいづくりを大きく変えた要因の一つに「面材の使用」があります。柱と梁で住まいの概形を作り、土で壁を埋めて作ってきた家は隙間だらけでした。

　ところが70年代に建材と施工の合理化を図って合板、石膏ボードなどの面材の利用を始めたところから、日本の住まいから隙間が減り始めました。80年代後半に本格的に始まった断熱に伴う意図した気密化と区別するために、私たちは、この時代の気密化を「意図しない気密化」と呼んでいます。

　意図しない気密化は開口部のサッシ化、漏水や騒音への対策とあい

まって、年々、進んでいきました。

健康状態に影響を出始めた

　意図しない気密化の結果、80年後半から、新築直後の住宅に特有の臭いが問題となってきました。これが居住者の健康状態に影響を与えることが徐々に明らかになったのが90年代です。施工者が目に沁みる、あるいは呼吸が苦しくなる状態が、居住者に影響を与えないわけはないのですが、当時は、工事特有の臭いで、居住開始と共に徐々にその効果は薄れると思われていました。

　90年代、体調不良を訴える事象が当時、使われ始めたパソコン通信などで広まりはじめ、一般週刊誌に取り上げられたことから一気に社会問題化しました。これがシックハウス問題です。

　当時は、本来は居住者の健康を守るべき住まいが原因で病気となる、という意味で「住原病」という言葉も生まれました。

図7-2　シックハウス問題

化学物質過敏症とシックハウス症候群

　ちょうど、化学物質過敏症が医療の分野で問題となっていたことがあり、シックハウス症候群はこれとの混同で混乱が生じました。化学物質過敏症は、ある人が特定の化学物質に過敏に反応することで免疫不全、

ホルモン異常を生じ、正常な日常生活を送ることが困難になる状況を言います。

シックハウス症候群は、原因が住宅屋内に限られ、ほとんどの場合、屋外に出ると症状が治まる点が異なります。

90年代後半から居室内の化学物質濃度の実態調査が行われ始め、竣工後数年を経ても濃度が高いままであることも、あるいは、冬期に濃度が下がっても夏期になると再び上昇する場合があることなどが示されました。

▶ 建築基準法にシックハウス対策が追加される

こういった実態調査を受けて、2003年、国土交通省は建築基準法にシックハウス対策を追加しました。前項「24時間換気」で述べた「すべての居室に機械式換気装置の設置義務」と「ホルムアルデヒド発生建材の使用制限」です。このことにより、シックハウス症候群に悩む人は大幅に減少したと言われます。

シックハウス症候群の原因はホルムアルデヒドだけではなく、トルエン・キシレンといったVOC類、あるいは天然の木材から放出されるαピネン類など、多数の物質が存在しますが、上記対策により、いずれもその屋内濃度は減少しているようです。

ホルムアルデヒド

シックハウス症候群の主たる原因とされた化学物質の代表です。化学記号HCHO、液体は生物標本の保存などに使われるホルマリン、気体になるとホルムアルデヒドとなります。沸点温度が低いため、通常の屋内で容易に気化します。

同じシックハウス症候群の原因と言われるVOC類というのは揮発性化学物質の略称で、ホルムアルデヒド以上に揮発性の高い物質であり、

ホルムアルデヒドはVOC類には含まれません。

2003年に建築基準法でシックハウス対策が実施されるまで、合板などの接着剤の可塑剤として大量に使用されていました。建材以外では、新聞のインク、マジック、家具や化粧品などにも日常的に使用されていましたが、化学物質過敏症が社会問題となるに従い、いずれの分野でも使用が抑制され、使われなくなりました。

建材はホルムアルデヒドの放散量に応じて、Fランクという目安が作られ、F4は非常に少なく、F3、F2と数字が小さくなるほど放散量が多くなります。上述の建築基準法の改正で、通常の居室ではF3以下はほとんど使えなくなりました。

シックハウスが問題となっていた頃、屋内カビ濃度は非常に低く、対策後は上昇しています。ホルムアルデヒドは居住者の健康に悪影響を与えましたが、カビの抑制には一定の効果があったといえます。

室内換気方式

 ## 3つの方式がある

室内の換気方法としては、給気（新鮮な外気を室内へ送ること）と排気（室内の汚れた空気を外に排出すること）の2つがあります。送風機などの機械力を用いた室内換気方式には、第1種換気、第2種換気、第3種換気の3つの方式があります。第1種換気とは、給気にも排気にも送風機を使用する換気方式のことです。これに対して、第2種換気とは、給気には送風機を使用しますが、排気は換気口で行う（送風機は使用しない）方式です。第3種換気ではこれが逆になり、給気は換気口で、排気は送風機で行います。

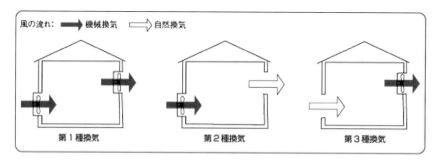

図7-3　各種換気方式
（一般社団法人リビング・アメニティ協会HPより）

大半は第3種換気

　換気方式によって、建物内部の気圧（室内圧）が外の気圧（大気圧）より高くなるか低くなるか、違いが生じます。第1種では、室内圧はほぼ大気圧に近くなりますが、第2種では大気圧より高く、第3種では大気圧より低くなります。実際の換気はこうした機械換気が生み出す圧力差と自然の風力・温度差が作る圧力差が合成されて、複雑に行われることになるのです。

　現在の日本の住宅の換気方式を眺めると、大半は第3種換気で、その次に第1種、極まれに第2種です。第3種換気は最も安価でポピュラーな換気設備です。なお、温度差換気を上手に使用して行う、機械力を用いない全体換気をパッシブ換気とか第0種換気という人もいます。

第8章

省エネと断熱

屋根断熱

　建物の上部の断熱は、屋根を断熱すれば屋根断熱、天井を断熱すれば天井断熱となります。両者の中間の桁上断熱という手法もありますが、数はそれほど多くはありません。屋根断熱を採用すれば、木造住宅の小屋裏も、ロフトなどの居住空間として使用できるメリットが生まれます。

　屋根断熱に使用する断熱材や方法にはいくつかありますが、ボード状の断熱材を使用するものが多いようです。充填断熱であれば、ボード状断熱材を垂木の間に嵌め込んだり、発泡ウレタン断熱材を吹き付けたりすることになりますが、この場合は断熱材の室内側に防湿層を設けるか、透湿抵抗の高い断熱材を使用する必要があります。外張断熱であれば、野地板の外側にボード状の断熱材を張り付け、その上に止水層・屋根葺き材となりますが、この場合は止水層の下に通気層を設けることが、耐久性向上の観点から重要です。近年では、充填断熱と外張断熱を共に行った高断熱の仕様も見られます。

天井断熱

　建物上部の断熱手法の1つであり、天井面材の上に直に断熱材を施工する方法です。天井断熱を採用すると、小屋裏空間は温湿度的には室内とも外気とも異なる環境となります。天井断熱を採用した場合、小屋裏空間は換気口を設けることが原則となります。これは、自然換気によって小屋裏に浸入する水分（天井面などを通して室内から透湿してくる湿気と外から入り込む雨水）や小屋裏で発生する湿気（日射による高温によって小屋組材・野地板などの木材から放出される湿気）を外へ放出し、

乾いた外気を導くためです。

　天井断熱には、フェルト状の断熱材（防湿層付きのグラスウール）や、ばら状の断熱材（ブローイング施工されたセルロースファイバーやグラスウール）が使用されます。共に、天井材の上に防湿シートを敷き（冬型の結露防止のため）、その上に断熱材を施工します。吊り木などの部材が防湿シートを敷く時の邪魔になりますが、隙間なく敷かなければなりません。

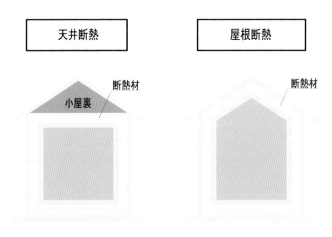

図8-1　天井断熱と屋根断熱のイメージ図

基礎断熱

 ベタ基礎の断熱

　コンクリートのベタ基礎を採用した住宅において、ベタ基礎の外周部にボード状の断熱材を張り付けるなどして、基礎を通過する熱を削減する断熱手法のことです。ベタ基礎の外周部に相当する部分としては、外

気に接し直立した壁の部分（立上り部）と水平の底の部分（スラブ）が
あります。

断熱する方法

　立上り部の断熱には、外側を断熱する方法と内側を断熱する方法があ
ります。関東以西の地域ではシロアリの被害を防止する観点から、内側
を断熱する方法が多く選択されています。また、外側と内側、両方を断
熱する方法も見られます。スラブの断熱の場合、スラブの中心部分は断
熱せずスラブの室内側だけを1m前後断熱することが多いようですが、
スラブ全面を断熱してもかまいません。水に強い押出法ポリスチレンを
スラブと地盤の間に敷き詰める場合もあります。

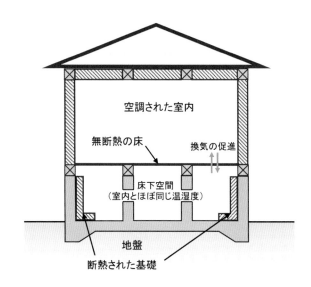

図8-2　基礎断熱

基礎断熱のメリット

　基礎断熱を選択すると、床下空間を居住空間と同一の温湿度環境にす

ることができるので、床下空間を収納空間や空調のチャンバーとして利用できるメリットが生まれます。ただし、この場合、床下空間とその上に位置する居住空間との間は十分に空気が出入りする必要があるので、床面の気密性を高くしてはいけません。

床断熱

床断熱とは？

　木造住宅の1階の床面を断熱する断熱手法です。床根太の間に、ボード状の断熱材を嵌め込む手法が一般的です。高断熱にする場合は、さらに大引きの間も、ボード状やフェルト状の断熱材を施工します。断熱材が落下しないように、止め金具や支持材を用いる場合が多いようです。吹き付けウレタンで断熱してもよいでしょう。

床断熱の注意点

　床断熱を選択した場合、床下空間は換気して、できるだけ外気に近い湿度環境にしなければいけません。さもなければ、カビの発生や土台などの木部の腐朽が進行しやすい環境となります。

　床下空間は地面に接するので、雨水や植物の影響などによって、水分が流入しやすいのです。さらに、直射日光が全く当たらないので、住宅の上部よりは温度が低く、相対湿度は高くなります。

　つまり、乾きにくい環境なのです。よって、床下空間内には乾いた外気を導入し、空間内の湿気を排出するために、布基礎に換気口をいくつか設けたり、土台と布基礎の間にスペーサー（基礎パッキング部材）を設置したりします。

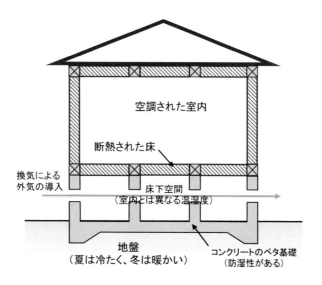

図8-3　床断熱

相当隙間面積

相当隙間面積とは？

　木造住宅などの建物における、建物全体の気密性を示す指標です。木造の建物は、多数の軸材と面材を張り合わせたり、付け合わせたりして構成されています。

　また、窓やドアでは、開口部分の建具が閉じられていても、召し合わせ部分などには微細な隙間がかなり存在します。配管や配線のために外壁などに孔があけられ、隙間が発生することもあります。

　このような状況なので、換気口などの設計上必要な孔を除いたとしても、木造住宅には建物全体でみればかなりの隙間や孔があることになり、

これらの隙間・孔が暖冷房の熱損失を直接あるいは間接的に増大させることにつながります。

それゆえ、省エネルギーのためには、こうした隙間や孔を減らすことが重要になり、その量は外皮の気密性という概念で評価できます。つまり、外皮に隙間や孔が大量に存在すれば、気密性は低くなり、暖冷房の熱損失が多くなるのです。

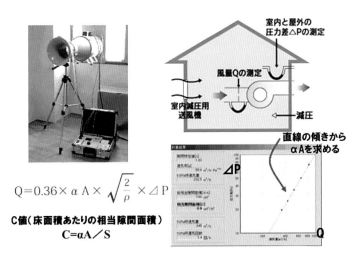

$$Q = 0.36 \times \alpha A \times \sqrt{\frac{2}{\rho}} \times \triangle P$$

C値（床面積あたりの相当隙間面積）
$$C = \alpha A / S$$

図8-4 気密性能の測定方法

相当隙間面積の求め方

相当隙間面積は、送風機を使って室内空気を外へ吐き出すとき、室内外の気圧差と送風機の風量を測定すれば求められます。気圧差が9.8Pa（1mmAq）のときに、建物の全隙間を通過してくる風量に温度補正などを施しますが、設計図書などから推計することは不可能です。

厳密には、こうして測定された相当隙間面積を建物の延べ床面積で除した数値（C値 [cm²/m²]：「床面積当たりの相当隙間面積」という）が外皮の気密性を示すことになります。木造住宅では、C値は、1～5で標準的、1以下になれば高気密、5以上なら低気密といえます。

気流止め

断熱効果を損なう壁体内気流

　在来木造住宅は、柱・梁・土台など軸部材で骨組みが造られていますので、見かけは外気に対して密閉されているようであっても、本当に密閉する（気密化を図る）ためには、細部に対する注意が必要です。

　例えば、外壁や間仕切り壁の内部は、気密化を図らない限り、床下空間や小屋裏空間との間で、空気が流通する構造になっています。このような建築外皮を断熱しようとする場合、外壁の柱間に断熱材を挿入しても、外壁や間仕切り壁にある隙間はかなり残存し、外界→床下空間→壁体中→小屋裏空間→外界という経路で、外気が流れてしまいます。

　この外気の流れは「壁体内気流」といわれ、断熱材の断熱効果を著しく損なうことが知られています。

壁体内気流を防止する方法

　この壁体内気流を防止するには、以下に示す間仕切り壁や外壁への対策例があります。

（１）壁の上下を乾燥木材で塞ぐ。

（２）壁の上部（小屋裏）にフェルト状のグラスウールを小さくカットしたものなどを挿入する。

（３）１階の床を、合板などを用いて１枚の剛体（剛床）にする。

（４）外壁は、断熱材の内側へ連続的な気密層を構築する。

　これらの措置を総称して「気流止め」といいます。

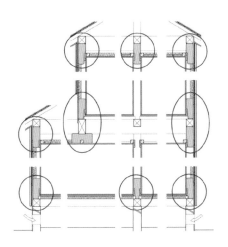

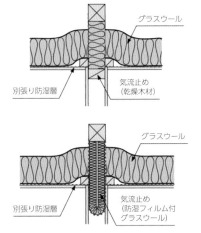

気流止めを設置する場所
((一社) 木を活かす建築推進協議会：
住宅省エネルギー技術講習テキストより)

間仕切り壁の気流止め
(硝子繊維協会グラスウール断熱材
充填断熱施工マニュアルより)

図8-5　気流止めの配置と納まり例

外張断熱（外断熱）

　木造の建物の外壁を断熱する場合、柱や間柱の外側にボード状の断熱材を張り合わせ、ビスで柱や間柱に固定する断熱方法のことです。鉄筋コンクリート造や組積造の建物の場合に、コンクリートなどの躯体の外側に断熱材を施工する方法を外断熱、内側に断熱材を施工する方法を内断熱といいます。木造の建物の場合は、外側に断熱材を施工しても、外断熱とはいわず、外張断熱というのです。

　外張断熱は、屋根断熱および基礎断熱と組み合わせれば、建物を外側から断熱材で完全に包むことになるので、熱橋が少なくなります。また、躯体などの熱容量を活かせるなどの好ましい効果があります。また、気

密化が図りやすく防露性が高い（断熱材の透湿性にもよるが）などの特性も期待されます。

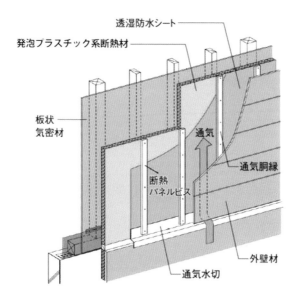

図8-6　外張断熱の例
（デュポン・スタイロ社HPより）

熱橋

 熱橋とは？

　壁体を断熱するときに、局部的に断熱が不十分になり、熱が通りやすいまま残ってしまう部分のことです。木造住宅では、充填断熱を行った時の柱・間柱・胴差・土台などの軸部は断熱材で覆われませんが、木はコンクリートや鉄骨などに比べると、熱伝導率がはるかに小さく、むし

ろ断熱材に近い熱伝導率であるので、軸部を通過する熱量は相対的に小さくなります。よって、木造住宅の軸部を、通常は「熱橋」とはいいません。ちなみに、熱伝導率［W/（㎡・K）］は、鉄骨210、コンクリート1.4、木材0.12、グラスウール0.047です。

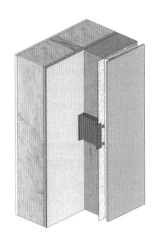

図8-7　外装材支持金物で外張り断熱層に生じた熱橋
（ILLUSTRATED GUIDE -R22+Effective walls in
Residential Construction in British Columbia より）

金属部分が熱を通す

　鉄骨建物の構造体や壁式コンクリート建物における部位接合部分（外壁と床との接合部など）は、典型的な「熱橋」であり、無対策ならば量的に無視できない熱損失を有することになるので、熱橋用の断熱対策が必要となるでしょう。

　木造住宅においても、釘や接合金物は金属ですし、熱をよく通しますが、熱が通過する面積は小さいので、建物全体の断熱性を評価する際には、この熱量は問題にならないでしょう。

　ただし、こうした金属部分は外気に接していると、寒冷地では冬に低温になるので表面結露を発生するリスクがあります。ゆえに、場合によっ

ては、金属の表面を吹付発泡ウレタンでおおうなどの対策をとる必要が
あるのです。

繊維系断熱材

繊維が空気の動きを抑制する

　建築用断熱材は、繊維系断熱材と発泡プラスチック系断熱材（次項）
に大別されます。繊維系断熱材とは、細い繊維状の材料を大量に集めて
断熱材としたものです。

　繊維を大量に集めると、空気も一緒に大量に含まれることになります
が、繊維が空気の動きを抑制する（空気の対流を低下させる）ので、断
熱材を通過する熱量は、空気だけの場合（この場合は、空気が対流する
ことになる）に比べて格段に低下し、断熱材として機能することになり
ます。衣服や毛布を身に着けると暖かくなるのと同一の原理です。

　繊維の素材としては、リサイクルガラス、玄武岩や鉄鋼スラグなどの
鉱物、新聞古紙がメジャーで、断熱材としては、それぞれ、グラスウー
ル、ロックウール、セルロースファイバーという名称になっています。
最近では、木質繊維、羊毛、ペットボトル繊維なども断熱材として製品
化されています。

写真8-1　繊維系断熱材天井施工例
（硝子繊維協会HPより）

▶ 防露対策が必要

　繊維系断熱材は、建材としては、フェルト状、ボード状、ばら状の3つの形状で使用されます。フェルト状が最も一般的ですが、ポリエチレンの防湿層付きのものが主要商品です。

　ばら状のものは、吹き込み（ブローイング）施工用のもので、セルロースファイバーはほとんどがブローイングで施工されます。防湿層付きの商品が主要なことから理解できるように、繊維系断熱材はすべて、湿気を通しやすい（透湿率が大きい）材料ですので、建築の断熱に用いるときは防露対策を十分考えて使用しなければなりません。

発泡プラスチック系
（発プラ系）断熱材

▶ 気泡の中の対流伝熱を抑制

　発プラ系断熱材とは、プラスチックの材料の中に細かい気泡を発泡させ、気泡の中の対流伝熱を抑制して、断熱材として機能させたものです。

対流伝熱を抑制するということでは、繊維系断熱材と同じ原理を利用しています。

写真8-2　発プラ系断熱材
（デュポン・スタイロ社より）

防露対策上は有利

　基材となるプラスチックとしては、ポリスチレン、硬質ウレタン、ポリエチレン、フェノールなどが使用されています。発泡ガスや発泡方法によっても製造方法がわかれ、断熱材としての名称が異なります。

　一般には、ボード状に成型されて販売されますが、近年では、建築現場にプラスチック溶液を持ち込み、断熱したい部位で発泡させ施工する、硬質ウレタンの現場発泡施工（吹付けウレタン）も多く見られるようになりました。

　発プラ系断熱材は、一般に繊維系断熱材に比べると透湿率が2ケタ小さく、防露対策上は有利ですが、中には硬質の吹付けウレタンのようにそれほど透湿率が小さくないものもありますので注意しなければいけません。

充填断熱

　木造の建物の外壁において、柱・間柱やスタッドの間に断熱材を挿入（充填）して断熱する方法のことです。対になる用語として、外張断熱があります。

　充填断熱は木造の建物では最も一般的な断熱方法であり、断熱材はフェルト状のグラスウール（防湿層付き）が多く使われています。

　近年では、硬質ウレタンの吹付け工法も多く見られるようになりました。

　また、耐震性能の向上のために、合板を柱の外側に張り付けることが多いのですが、この場合は防湿層を柱の室内側に密着して施工するなど、内部結露防止に配慮しなければいけません。

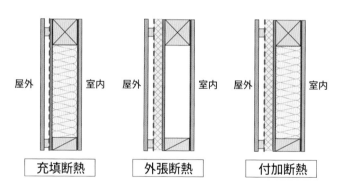

屋外　　　室内	屋外　　　室内	屋外　　　室内
充填断熱	**外張断熱**	**付加断熱**

図8-8　断熱方式

窓の断熱

アルミサッシは断熱性が悪い

　窓は、ガラスが非常に薄い（3mm程度）素材なので、熱的には弱い（断熱性が悪い）部位です。

　また、枠材であるサッシも、戦後は防火対策や気密性向上、軽量化のためにアルミサッシが圧倒的に使用されてきました。しかし、アルミニウムも金属ですので熱伝導率が高く、アルミサッシは熱的には非常に弱い部材です。

　日本人は大きな窓（開口部）を好む傾向が強いので、窓の断熱化が非常に重要でしたが、現実には窓の断熱化政策は欧米に比べてかなり後れをとっていました。

ガラス部分とサッシの断熱強化

　窓の断熱化には、ガラス部分（透明部分）の断熱強化とサッシの断熱強化がありますが、両方をバランスよく取り入れていくべきです。

　前者の方法としては、ガラスの枚数を増やし、空気層（ガラス板に挟まれた空気層）を増やす方法や、ガラスの表面を低放射処理して放射熱伝達を低下させる手法が一般的です。空気層を真空化して、空気層の対流熱伝達を完全に押さえ込む製品もあります。

　後者のサッシの断熱強化については、サッシの材料をアルミニウムから熱伝導率の小さな樹脂や木材に代えるのが一般的です。また、内側にもう1つ窓を取り付けてサッシ自体を複数にする方法もリフォームなどでは採用されています。

複層ガラス

　ガラスを2枚以上使用し、中空層を介して重ねたガラスです。ガラス1枚のときに比べて、中空層の分の熱抵抗が全体の熱抵抗に加わるので断熱性が増します。

　例えば、単板ガラス（ガラス1枚）にアルミサッシの窓の熱貫流率は6.51W/（㎡・K）ですが、ガラスを複層ガラス（ガラス2枚、空気層12mm）に代えると、熱貫流率は4.07W/（㎡・K）になるので、伝熱量は62%に低減します。

　現在では、ガラスは2枚だけでなく3枚になり、ガラス表面を低放射処理（Low・E化）したり、中空層の空気をアルゴンやキセノン（希ガスといわれ、熱伝導率が空気より小さい）に代えたりして、より断熱性を高める工夫をしています。

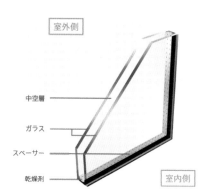

室外側

中空層
ガラス
スペーサー
乾燥剤

室内側

図8-9　複層ガラス
（YKKAP社HPより）

U_A値（外皮平均熱貫流率）

断熱性を表す指標

U_A値は住宅の省エネルギー基準において、断熱性を表す指標として採用されています。

U_A値の元となる熱貫流率Uとは、壁体状の建築部位の熱の通りやすさを表す指標のことです。壁体の両側の空気に温度差が1Kあり、定常状態になっているときに、壁体1㎡あたりを通過する熱の流れで表されます。

Uは熱の通りやすさを示すので、値が小さければ熱が通りにくい壁体、つまり、断熱性が高い壁体ということになります。

U_A値とは？

U_Aは、室内が外気より1K、温度が高く、定常状態が維持されているとき、建物の外皮（外気に接する壁・屋根・窓・基礎などの部位のことであり、床下空間に接する床も含まれる）を通過して外気へ逃げる単位時間あたりの全熱量を全外皮面積で除したときの数値です。

U_Aの単位は［$W/(㎡・K)$］で、Uの単位と同じです。別の言い方をすれば、U_Aは、建物全体を対象としたときに想定される外皮において、各部位の熱貫流率を、全面積に対する各部位面積の比率で重み付け、算出した熱貫流率Uの平均値のことです。

U_Aも値が小さいほど断熱性が高いと判断されます。省エネルギー基準では、U_Aに対して以下のような基準値が定められていて、戸建住宅ではU_Aは基準値以下にすることが定められています。

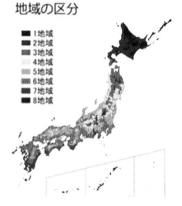

U_A[W/(m²·K)]の基準値（基準値以下が基準適合）							
等級の区分		等級2	等級3	等級4	等級5	等級6	等級7
基準値のリファレンス		1980年基準	1992年基準	建築物省エネ法	ZEH要件外皮強化	HEAT20 G2水準	HEAT20 G3水準
地域区分	1・2地域	0.72	0.54	0.46	0.40	0.28	0.20
	3地域	1.21	1.04	0.56	0.50	0.28	0.20
	4地域	1.47	1.25	0.75	0.60	0.34	0.23
	5・6地域	1.67	1.54	0.87	0.60	0.46	0.26
	7地域	2.35	1.81	0.87	0.60	0.46	0.26
	8地域						

η_{AC}[%]の基準値（基準値以下が基準適合）							
等級の区分		等級2	等級3	等級4	等級5	等級6	等級7
基準値のリファレンス			1992年基準	建築物省エネ法	建築物省エネ法	建築物省エネ法	建築物省エネ法
地域区分	1～4地域						
	5地域		4.0	3.0	3.0	3.0	3.0
	6地域		3.8	2.8	2.8	2.8	2.8
	7地域		4.0	2.7	2.7	2.7	2.7
	8地域				6.7	6.7	5.1

図8-10 地域別U_Aの基準値
（一般財団法人建築環境・省エネルギー機構HPより）

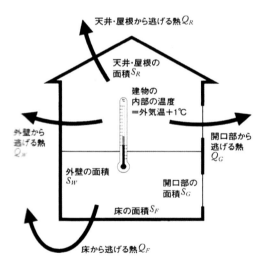

天井・屋根から逃げる熱Q_R

天井・屋根の面積S_R

建物の内部の温度＝外気温＋1℃

外壁から逃げる熱Q_W

開口部から逃げる熱Q_G

外壁の面積S_W

開口部の面積S_G

床の面積S_F

床から逃げる熱Q_F

$$外皮平均熱貫流率 = \frac{Q_R + Q_W + Q_F + Q_G}{S_R + S_W + S_F + S_G}$$

図8-11 U_A値の計算方法
（平成25年 省エネルギー基準に準拠した算定・判断の方法及び解説 Ⅱ住宅より）

η_A値（冷房期の日射熱取得率）

冷房期の日射遮蔽性を表す指標

η_A値は住宅の省エネルギー基準において、冷房期の日射遮蔽性を表す指標として採用されています。η_Aの元となる日射熱取得率ηとは、壁体状の建築部位の日射熱の通りやすさを表す指標です。

壁体の片面に日射が当たると壁体に日射熱が反射・吸収されますが、壁体に当たった日射熱を1としたとき、壁体を通過して壁体の反対側の面に到達する日射熱の比率をηといいます。ただし、周囲の空気の温度は一様で、定常状態を仮定しています。

壁体が透明なガラスのときは、日射の熱エネルギーはガラスを透過し大半がスムーズに反対側の面まで到達するので、ηは1より若干小さな数値になります。

反対に、壁などの不透明な壁体のときは、日射熱はあまり反対側の面までは到達しないので、ηは0に近い正の数値となります。

戸建住宅ではη_Aを基準値以下に

η_Aとは、外皮全体が冷房期間に受ける日射熱のどれくらいの割合を室内まで伝えているのか、パーセントで示したものです。これは、日射（直達日射と天空日射）が当たると想定される外皮（外壁・屋根・窓などの部位）の各部位が室内へ伝える日射熱の比率を、各部位のηにその面積と方位係数を掛けて合計し、その合計値（建物の総日射熱取得量）を全外皮面積で除したものとして定義されます。

日射は方向を持つエネルギーの流れなので、η_Aを計算する際、各部位の面の向き（方位と傾斜）と日射の方向との関係が重要になります。

冷房期間において、その関係を係数で表したものを方位係数といい、方位に関わる重み付けとしてあらかじめ地域別に計算しておき、η_Aの

計算の際に用いています。

　η_Aもηも、値が小さいほど日射遮蔽性が高いと判断されます。省エネルギー基準では、η_Aに対して以下のような基準値が定められていて、戸建住宅ではη_Aは基準値以下にすることが定められています。

表8-1　地域別η_Aの基準値

(平成25年　省エネルギー基準に準拠した算定・判断の方法及び解説　Ⅱ住宅より)

地域	1	2	3	4	5	6	7	8
η_Aの基準値[%]	—	—	—	—	3.0	2.8	2.7	6.7

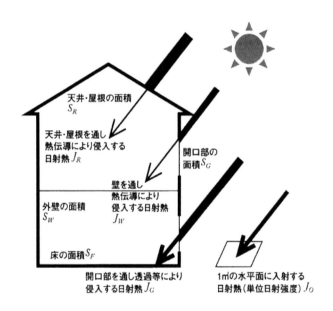

$$\text{平均日射熱取得率} = \frac{(J_R + J_W + J_G)/J_0}{S_R + S_W + S_F + S_G}$$

図8-12　η_Aの計算方法

第9章

結露の対策

夏型結露

夏型結露のメカニズム

　夏、つまり外気温が高いとき（20℃以上が目安）に発生する建物の結露のことです。暑くて湿った外気が、長時間冷房で冷やされた壁に触れたり、地温で冷やされた床下空間や地下室に入り込んだりして、壁面などで発生する表面結露も夏型結露の一種です。

　木造住宅の耐久性に影響を及ぼすと思われる夏型結露は以下のようなメカニズムで発生します。

　近年の木造住宅の外壁は、耐震性向上の観点から外気側に合板を張ったものが多く見られます。このような外壁では、夏に日射があたり合板や周囲の木材が高温になると、含まれている水分（乾燥木材でも10%前後の水分は含まれる）が蒸発し、絶対湿度が高くなり、水蒸気が室内側へと拡散されます。これが外壁内部の室内側の温度がやや低い部分(防湿層などの部分)で結露するのです。

　これが典型的な夏型結露といわれるもので、日射であぶられた材料から放出される水蒸気が原因になっています。しかし、この結露は日射がなくなる夜や温度が低い冬には発生しません。

通気層がない場合

　木材は昼間に水分を放出してしまい乾燥状態になるので、夜には周りから水蒸気を吸い込むことになります。それによって昼に結露した水も木材に戻ってしまい、外壁の内部は元の乾燥した状態に復元し、問題は生じません。ただし、これは、合板の外気側に通気層がある、正しい施工をした外壁の場合の話です。

　通気層がない場合は、このような夏型結露がより大規模により高頻度で発生すると予想されるので、耐久性上の問題は大きくなります。通気

層がなければ、まず合板の温度がより高温になり、合板の水蒸気も外気側には放出されなくなります。

　また、工事中の雨などによって濡れた木材や合板をそのまま使用すれば、壁体内の水分が通気によって外部へ放出されないので、高湿度の状態が長期間継続することになります。このような状況は、結露のリスクが非常に高いことになります。

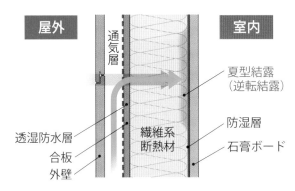

図9-1　夏型結露発生のイメージ図

外装材の吸水と夏型結露

　外装材が多孔質で水を含みやすい材質の場合、この水分も夏型結露発生の供給源になることがあります。塗膜の劣化やひび割れが発生した外壁面から多量の雨水が吸収されると、その後の晴天時に日射熱で放出された水蒸気が通気層から適切に排出されないと、透湿防水シートを通して躯体側に移動するためです。

透湿抵抗比

省エネルギー基準に関連した解説書では、典型的な木造住宅の外壁・屋根・天井の冬期内部結露を防止するために必要な条件を、この透湿抵抗比という指標で表しています。

外壁などの壁体において、断熱材の外気側の面に境界面（透湿抵抗中心と称する）を取り、この境界面より室内側の透湿抵抗と、境界面より外気側の透湿抵抗との比率を透湿抵抗比と定義します。

透湿抵抗比を大きくするということは、室内側を防湿すること、あるいは、外気側の透湿抵抗を小さくする（合板などを用いない）こと（両方もある）なので、冬期の内部結露の発生リスクは低下します。

以下に、内部結露防止に必要とされる透湿抵抗比を示します。

表9-1　地域別透湿抵抗比

地　域	5，6地域	4地域	3地域
外　壁	2.0以上	3.0以上	5.0以上
屋　根	3.0以上	4.0以上	6.0以上

ただし、透湿抵抗比を用いたこの判断方法は、断熱層が2層以上ある場合などには適用できないので、注意しなければいけません。

第9章　結露の対策

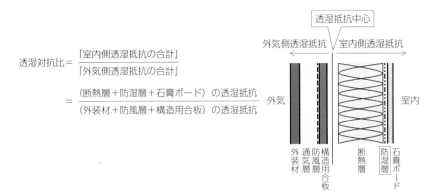

$$透湿対抗比＝\frac{「室内側透湿抵抗の合計」}{「外気側透湿抵抗の合計」}$$

$$＝\frac{（断熱層＋防湿層＋石膏ボード）の透湿抵抗}{（外装材＋防風層＋構造用合板）の透湿抵抗}$$

透湿抵抗中心

外気側透湿抵抗　室内側透湿抵抗

外気　　　　　　　　　　　　　　室内

外装材　通気層　防風層　構造用合板　断熱層　防湿層　石膏ボード

図9-2　透湿抵抗比の計算方法
（住宅サポート建築研究所HPより）

小屋裏換気

 ## 小屋裏とは？

　小屋裏とは、屋根面から一段下がった位置に天井を張る場合、屋根と天井の間に出来る空間のことです。屋根の裏面をそのまま室内に見せる場合や、屋根の裏面にじかに天井を張る場合は、小屋裏は出来ません。小屋裏の一部を収納やロフトに利用することもあります。

　小屋裏がある場合は、室内上方の断熱位置は天井の上面です（「天井断熱」（P132）参照）。小屋裏が無い場合の室内上方の断熱位置は屋根を支持するたるきの間の空間（たるき間断熱の場合）か、または野地板と屋根葺き材の間（外張り断熱の場合）のいずれかです（「屋根断熱」（P132）参照）。

　小屋裏は屋外との換気が必要です。冬季、室内の暖かく湿った空気が小屋裏に入り込み、冷たい外気に接して低温になった屋根の部材に触れ

ると結露が発生します。換気をして小屋裏を外気と同じ温湿度に近づけることによって結露を防止できます。

　小屋裏換気のもう一つの役割は、万一屋根面からの雨漏りなどによって小屋裏の木材が湿潤した場合にも乾燥しやすい環境を作り、劣化を軽減することです。

小屋裏換気の換気方式

　小屋裏換気のための換気口を設ける位置は、大きく分けて軒裏、小屋裏の壁面（妻壁）、棟部の３カ所です。これらの位置の換気を組み合わせて、妻壁－妻壁方式、軒裏－軒裏方式、軒裏または妻壁－妻壁方式、軒裏または妻壁－棟方式、など様々な換気方式が用いられます。これらのほかにも、塔状の排気口（排気塔）や動力排気ファンを用いる場合もあります。

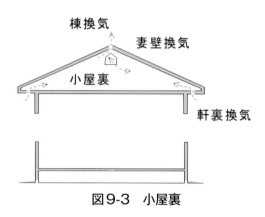

図9-3　小屋裏

　換気口の大きさについて、我が国では天井面積に対する合計有効開口面積の比率を定めた基準があります。一つは品確法の小屋裏劣化軽減措置の評価基準、もう一つは住宅金融支援機構の木造住宅工事仕様書の小屋裏換気基準です。両者は多少の字句の違いを除いて実質的に同じ内容です。

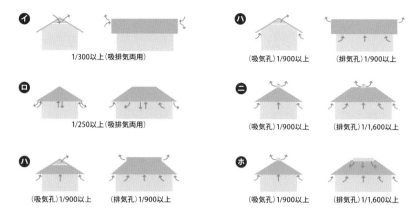

※片流れ屋根のけらば軒裏に、一様に有孔板を設置する場合は、けらば軒裏に1/250以上（吸排気両用）確保すればよい。

図9-4　小屋裏換気孔面積の基準
（住宅金融支援機構：木造住宅工事仕様書より）

換気口の配置も重要

　小屋裏換気口は、開口面積だけでなく、その配置が重要です。上記基準の本文にも「換気に有効な位置に」設けることが明記されています。たとえば妻壁－妻壁方式（図9-4のイ）、軒裏－軒裏方式（図9-4のロ）は基本的に風力換気なので、風上側と風下側の両方に設けなければ有効な換気は出来ません。

　軒裏または妻壁－妻壁方式（図9-4のハ）軒裏または妻壁－棟方式（図9-4のニ、ホ）では温度差換気を有効にするため、吸気孔（品確法では給気口）と排気孔（同じく排気口）の鉛直距離を一定以上確保する必要があります。

　また、集合住宅などで小屋裏が界壁で仕切られている場合はそれぞれの区画ごとに換気を行う必要があります。

小屋裏換気の注意点

　小屋裏の外面に開口が設けられていても、小屋裏空間の途中で換気経路が妨げられると有効な換気は出来ません。小屋裏の断熱材や下地材、

小屋組部材が換気経路の障害になることが多いので注意が必要です。

　なお、屋根断熱の住宅の場合、上記の小屋裏換気基準は適用されません。その理由は屋根の骨組みである小屋組部材が室内と同じ環境に置かれるために結露や劣化の恐れが無いこととされています。屋根断熱であっても、屋根断熱層の上方は外部と同じ温度条件になるため、湿気が外部に逃げやすい構造でない場合は換気（屋根層内通気）を考える必要があります。

　小屋裏換気の基準は住まいの耐久性上きわめて重要な意味を持ちます。巻末の資料編に、基準値制定の経緯、海外の小屋裏換気基準の調査結果、適正な基準のあり方についての考え方を収録しましたので参考にしてください。

外皮内通気

外皮内木部の水分による劣化を防ぐ

　小屋裏、屋根断熱構法におけるたるき間、外壁通気層内、床下などの空間に空気を流通させ、木部の乾燥を促す劣化対策措置の総称を外皮内通気と言います。小屋裏換気と外壁の通気構法もその一部です。

　外皮内木部の水分による劣化を防ぐには、基本的には水分を外皮内に入れなければよいわけです。このためには次の３つが必要です。

（１）建設時に十分乾燥した材料を使用する。
（２）雨水浸入に対しては外面を完璧に防水する。
（３）湿気に対しては浸入する経路を完全に遮断する。

　しかし、実際にはこれらを実現することは容易ではありません。木造

住宅は多種多様な部材の組合せによって作られ、施工には変動が激しい環境の中で、多くの職種が複雑な工程に関与します。また、現場での施工管理体制も必ずしも万全とは言い切れないのが現実です。

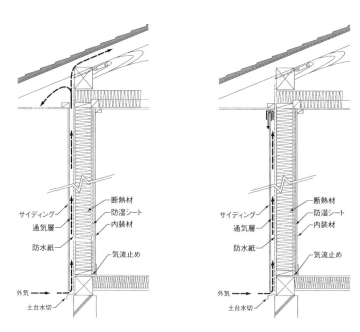

図9-5　外壁通気構法
（（一社）日本窯業外装材協会：窯業系サイディングと標準施工より）

外皮内通気を行う際のポイント

外皮内への事故的な雨水や湿気の浸入はある程度必然と考え、外皮内通気によってその水分が速やかに気中に放散され、排出されて木材が乾燥状態に保たれるようにすることが、特に最近の高気密化した木造住宅では極めて大切です。

木材の乾燥に有効な通気を行うには、木材周囲の空間と空気の出入口となる部分（換気口）が連通して、かつ空気が入れ替わることが必要です。このためにいくつかの重要なポイントがあります。

161

（1）入口と出口を用意することで、通気経路の両端に換気口を設けることが必要です。一端だけでは経路内の空気が全て入れ替わることができません。問題が多い部位として下屋の小屋裏があります。軒部に換気口を設けても、水上側の壁際は雨仕舞の関係から通例換気口が設けられないため、通気が不完全になりやすい部位です。

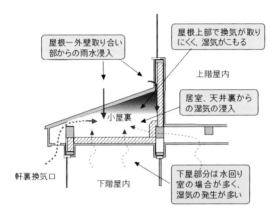

図9-6　下屋の小屋裏換気の問題点

3面が壁で囲まれ、一面だけが外面に接するルーフバルコニーの床下空間も同様です。

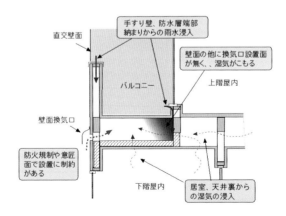

図9-7　ルーフバルコニーの床下空間の換気の問題点

（2）通気経路を連続させることです。木造住宅の小屋裏や壁内には多くの構造部材や断熱材があり、これらが通気経路を塞いで気流がストップしてしまうことがあります。ここで注意したいのがたるきなどの二次構造材の端部納まりです。

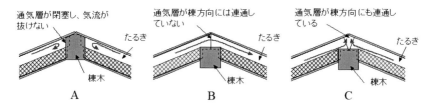

図9-8　棟木とたるきの納まりと通気障害

図9-8はいずれも屋根断熱構法の棟部分の納まりですが、A図のようにたるきの上端を棟木上端にそろえて落とし込むと通気層が頂部で塞がってしまいます。

B図の納まりでは、通気層は棟の横断方向には連続しますが、たるき端部が突き付けになっているために棟方向には連続しません。したがって棟換気口が設置されている範囲の空気は抜けますが、それ以外の範囲は行き止まりになります。

C図の納め方なら矢印の経路で通気層が連通します。構造部材の納まりは木工事の計画段階で断熱や通気と関わりなく決められがちなので注意が必要です。

外皮内通気に関する注意点

外皮内通気に関する注意点としては、換気口からの雨水、大気中の湿気、雪などの浸入があります。雨滴の吹き込みに関しては雨がかり位置に設置する換気口が問題です。開口を迷路構造にするなどの工夫により対応することになりますが、防雨性を高めるほど通気性は逆に低下するのが難しいところです。

また、建物外面の圧力条件によっては、浸入した雨滴や雪片の吹き上

げも起きます。直径1mm程度の雨滴の落下速度はおよそ4m/sですから、通気層内に4m/sを超える上昇気流があればこれより小さな水滴は全て吹き上げられることになります。

　雪片は軽いので、より遅い気流でも吹き上げの可能性があります。吹き上げた雨滴や雪片は、防水シートの重ね部の隙間から躯体側に入り込む危険があります。

　このような水分の逆流を防ぐため、通気層開口部分への風当たりが強い条件や、通気層内外の圧力差が過大になりやすい通気経路では、何らかの手段で層内気流速度を一定以下に押さえる必要があると考えられます。

　現場でクレームになることが多い問題に外壁の通気構法での風音があります。透湿防水シートの端部の浮いた部分が通気層内の気流で振動して、室内に響くような大きな連続音を発生する現象です。防止対策としては音の出にくいシートの選定、端部の固定、気流速度の抑制があります。

床下換気

基礎部分の耐久性を高める工夫

　住宅の地面に接する部分は、構造的、耐久的にまさに「基礎」となる部分です。湿気の多いわが国では水分による耐久性への影響をできるだけ小さくするために様々な工夫がなされてきたようです。

　昔は水に最も強いと考えられる石を地面に置き、これに木の柱を立てていました。木の柱を直接、土に埋めると空気と水に接する地表面付近で腐朽が発生しやすくなります。石の上に置くことで、水の影響を抑えられたと考えます。

それでも長い年月の中で柱の石に接する部分から腐ることがあります。柱の足元の傷んだ部位を切除して、そこだけ新しい木に入れ替える、いわゆる根継ぎの痕は法隆寺でも見られます。

江戸時代に布基礎が一般的になる

床下と外部の間には空間を隔てるものは何もなく、外気が（場合によっては忍者も）自由に床下を通り抜けていました。その状態でも、より空気が自由に通り抜けるように、一階床はできるだけ高いことが望ましいとされてきました。

江戸時代以降、いわゆる町家などで基礎を壁状に連ねる「布基礎」が一般的になってきました。従来の風を通す床下ではなくなることを心配して、布基礎の所々に通風用の開口を設けました。江戸時代の住まいの様子を書いたエドワード・D・モースの文章に「冬は寒さ対策で人々は基礎の孔を塞いでいる」とあります。

換気口を設ける基準

こういったことを背景に、近年になり、建築基準法において耐久性向上のための基準が示されました。そこでは、「床下地盤面になんらかの防湿処置があり、床構造が腐食する恐れがない場合を除き、原則として床上面の高さは45cm以上とし、かつ、布基礎の５mに一ヵ所、有効開口面積300㎠の換気口を設けること」（建築基準法施行令第22条）と示されています。

さらに1990年代、住宅金融公庫の「高耐久性木造仕様」では換気口は４mに一ヵ所となりました。90年代半ば、布基礎に開口を設けず、基礎外周全体の基礎と基礎上の土台の間を通風開口とみなす「ネコ土台（基礎パッキン構法とも呼ばれる）」が一般化しました。このような構法は、床下内部の湿度が従来構法の場合と変わらないことを床下空間の湿度計測結果で立証したことによって認められました。

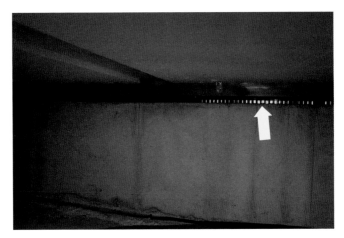

写真9-1　床下換気（矢印がネコ土台）

▶ 床下空間（床断熱の場合）の湿度

　建築基準法、あるいは高耐久仕様に則った床下においても梅雨から夏の時期に床下のコンクリート面あるいは防湿シートの上に水たまりができる、という事例がありました。80年代半ば過ぎには毎年、同様の事例があり、床下で作業する電気工事の関係者の中には、この時期は作業服をつなぎからカッパに着替えている人もいました。

　当時は、住宅建設前に田んぼであったため、あるいは、井戸をつぶしたため、地盤から水が沸いてくることが主な原因とされていたように思います。

　90年代半ば、電池で稼働する温湿度計測・記録計が開発され、床下空間の年間の湿度性状について、その全貌を初めて明らかにすることが可能となりました。全国各地で様々な住宅の床下空間の湿度を計測した結果、夏期は高湿化、冬期は乾燥することが明確に示されました。計測された中で高湿の事例では、7月・8月の二か月、湿度100％、すなわち結露状態を示すものもありました。

　重要なことは、床下空間の夏期の高湿化現象は特殊なものではなく、極めて一般的な事象であることです。実験、シミュレーションなどの検

討の結果、日射のあたる外部と比べて低温の床下空間に高湿の外気が流入することで床下が高湿化し、なんらかの理由で特に低温の床下では結露が生じることがわかりました。

　同時に結露が顕著な床下空間で耐久性への影響が検討されましたが、主要な構造体における防腐措置を施されている部位についてはほとんど問題がないことも示されました。廊下の床など、防腐措置がなされていない部位では長年の高湿化の影響で剛性が弱くなっている部位も確認されました。

▶ 基礎断熱と床下空間の湿度

　90年代半ばから、欧米で主流になっていた基礎断熱構法の日本での適用可能性についての検証がなされました。基礎断熱構法では、床下空間は室内同様の空間とみなすため、基礎外周部には換気措置は行いません。

　基礎断熱の場合の床下空間の湿度性状については、竣工初年度は地盤を覆うベタ基礎のスラブあるいは土間コンクリートからの放湿による高湿化の影響が出て、湿度は85％を超えることもありました。しかし、一般的な床断熱仕様の床下空間の夏季の湿度が80％を超え、中には3か月近く結露状態が続いている事例もあることに対し、基礎断熱仕様の床下ではここまでの高湿化は確認されませんでした。2年目以降は最大でも80％程度でした。

　すなわち、長期耐久性の観点では床下換気に関しては2つの答えがあると言えます。従来通り外気を導入し、主要構造の木部には防腐措置を行うケースと、基礎断熱で換気を設けず、防腐措置も行わないケースです。

　近年、住宅建物の省エネ性が向上し、部位の断熱性も高くなってきています。床裏で断熱する場合、高断熱化するほど床下空間の温度がより低くなり、断熱材の床下側表面を中心に結露しやすくなる点に留意が必要です。

地下室

▶ 地下室はコンクリートが一般的

　住宅構造の如何にかかわらず、地下室はコンクリートで作られること
が一般的です。日本の誇る造船技術を応用して、鉄板で作られることも
ありますが、地盤に含まれる水分が耐久性に与える影響を抑制する（鉄
板の場合は防錆）必要があります。

　海外ではコンクリート製以外、みかけたことはありません。岩盤が多
いスウェーデンでは地下室は多くないようですが、欧米諸国では地下室
が設けられることが多いようです。こういった地下室はボイラー室や倉
庫、あるいは趣味性の高い居室（暗室や楽器演奏など）に用いられてい
ます。

　掘り起こした土の処分費がコンクリートの材料費より高価な日本で
は、地下室の設置は相当高価になります。一般に、木造住宅の場合、三
階は一・二階の1.5倍、地下室は2倍の値段がすると言われます。

　貴重な地下室ですが、平らな敷地に居室用途の地下室を埋め込む場合、
4周すべてが土に面しているわけではありません。50cmから1mほど
の外部空間（ドライピット）を4面の壁のうち、1面か2面の壁の外に
設けます。

　ドライピットに面する壁に開口部を設け、外部との換気も兼ねること
もあります。あるいは、敷地の高低差により、自然に1面か2面、外気
に露出している地下室もあります。いずれにしても、壁の少なくとも2
面は土に接しているのが地下室の特徴と言えます。

写真9-2　地下室の結露

地下室の結露

　土の内部には日射が当たりません。唯一、日射が当たるのは地表面ですが、地表面が受ける日射による熱は、土から水分が蒸発することによる気化熱と、天空放射でほぼ相殺することが年間を通じた地盤の熱水分同時移動シミュレーションから明らかになっています。したがって地盤内部の年平均温度は外気温の年平均値におおむね一致します。

　夏は外気温が高く、土の温度は低くなるため、地下室も外気より温度が低くなります。体感的には涼しくなって気持ち良くなる方に作用しますが、相対湿度は高くなります。

　ただでさえ湿度の高い地下室空間に、高湿の外気が流入すると極端な場合には結露が生じます。

　結露は①温度が低いこと、②絶対湿度が高いこと、これら２つの条件が重なると発生します。冬の窓ガラスの結露は、外気で冷やされたガラス表面に、暖房や調理で発生する水蒸気が接触し、水滴＝結露を発生させます。したがって、冬期の結露対策では、換気による室内湿度の低下が手軽な方策の１つです。

　夏期に地下室で発生する結露は、躯体耐久性への影響は大きくありま

せんが、室内仕上げや室内家具・調度品にダメージを与えます。高価な地下室ゆえ、美術品など、高価な品物が保管されていることもあり、こういった場合は結露の発生は極めて大きなダメージとなります。

▶ 地下室の結露対策

　夏期、地下室で発生する結露の対策は、地上の室で冬期に発生する結露対策とは真逆で、決して換気を促進してはいけません。前述のように、原因が高い絶対温度の外気の流入であるため、換気をすれば逆に結露が増えます。

　こんな事例がありました。地下室の床に3cm程度、水が溜まっていたのです。居住者はさらに換気を増やす方策のアドバイスを当初、求めていましたが、話し合ったうえで、閉め切ってエアコンによる冷房（冷却・除湿）を連続運転することにしました。

　結果、1週間で水はなくなり、室内は乾燥しました。地下室で発生する結露に対しては、通気・換気を抑制したうえで、地下室の温度を上げる、あるいは機械による乾燥を図ることが基本方策といえます。

　掘り込みガレージでも同様の結露が起こることがあります。経験的には、5m以上掘り込んだガレージで多くみられます。ガレージゆえに、換気の抑制が難しいのに、より温度の低下する最も奥の部分に収納が設けられることがあります。収納を計画する際には、高湿化することを想定して、濡れても良いものを収納する、といった使用を前提にすることが重要です。

第10章

耐久性の重要ポイント

維持保全とライフサイクルコスト

耐久性を確保するための適切な設計・施工

　木造住宅の耐久性を確保する主な方法は、住宅を構成する木材、木質材料、金属材料などを乾燥状態に保つことです。したがって、木造住宅は、雨水浸入や結露を未然に防止するとともに、通気層の通風により周辺の構成材料を乾燥させることが重要となります。

　屋根と外壁の取り合い部に雨が掛かりやすい片流れ屋根や、軒やけらばの出が少ない屋根など、劣化リスクの高い計画に対しては回避策や十分な対応策を講ずることが肝要です。

　また、外壁では、通気層の給気口から排気口に至るまで、連続的な通気経路と湿気を排出して部材を乾燥させるための通気量が確保され、また、通気層に雨水が浸入したり、結露が生じたりした場合でも周辺部材が劣化しないように、浸入雨水が流下するための通気層の厚さが必要となります。

経年劣化と維持保全

　耐久性を確保するため、適切に設計・施工を実施したとしても、建物の外皮は劣化外力の影響により経年劣化します。たとえば、外装材周辺のシーリングが劣化して、これを放置した場合、シーリングのひび割れ部から雨水が浸入して、下地材や躯体材などの早期の劣化を招き、期待していた年数にわたって建物を使い続けることが困難になります。

　このような事態を防ぐためには、設計時に合理的な維持保全計画を立て、それにしたがって外皮の適切な手入れ、点検、補修、改修することが必要です。共同住宅等では、資金計画の必要性からも、維持保全計画を立てて、維持保全することは、かねてより一般的なこととなっています。しかし、戸建住宅では、CHS（センチュリーハウジングシステム）

などの一部の先進事例を除き、長期的かつ実効性のある維持保全計画は一般的に考えられていないことが多いようです。

　2009年に長期優良住宅の認定制度が施行され、30年間以上の「維持保全計画」の提出が求められるようになったことに前後して、メンテナンススケジュールの例が各関係機関から公開されつつありますので、参考にするとよいでしょう。

LCCを踏まえた外皮構造・仕様選定の重要性

　ライフサイクルコスト（Life Cycle Cost、LCC）とは、「生涯費用」と訳され、想定される製品や構造物の使用期間全体のコストを総計し、経済性の検討をするために用いられます。建築物のLCCは、建築物の企画設計段階、建設段階、運用管理段階及び解体再利用段階の各段階のコストに大別されます。

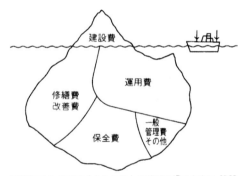

建築物のライフサイクルコストの構成を調べますと，建設費は氷山の一角で意外に少ないものです。修繕費・運用費等が圧倒的な割合を占めています。

図10-1　建設費は氷山の一角

　一般に建築物のコストを考えるとき、建設費のみを対象として評価されがちですが、LCC全体からすると保全費、修繕費、改善費、運用費（光熱水費等）、一般管理費等の割合が非常に大きいものになり、建設費は「氷山の一角」という説明がされることが多いようです。

　建築物のLCCの低減を図るには、企画設計段階においてLCCを総合

的に検討することが必要です。この段階において費やされるコストは
LCC全体から見ればわずかなものですが、ここでLCCの検討に十分コ
ストをかけるかかけないかが、実際のLCCに大きな影響を与えること
になります。

　企画設計段階で可能な具体的なLCCの低減策として、以下のような
内容が挙げられます。

- （1） 建築物の省エネルギー化、光熱費の低減
- （2） 建築物の長寿命化、期間当たりのコストの低減
- （3） 建築物の各部材の耐用年数を把握、計画し、効率的な維持管理
　　　 を実行
- （4） 維持管理しやすい建築物の設計

▎点検の重要性とLCC上のメリット

　点検を定期的に実施して予防的に材料の補修・交換をした場合、何ら
かの事故や不具合が発生してから事後的に補修・交換した場合に比べ
て、どの程度経済的なメリットは生じ得るのでしょうか？

　図10-2のグラフは、屋根を例として、定期的な点検をせずに耐用限
界まで放置して補修・交換する場合（青線）と、建設後5年目に、10
年目以降は10年ごとに点検し必要に応じてその都度補修して最後まで
大規模改修無しに使い続ける場合（赤線）との累計の必要投資額を比較
した結果です。

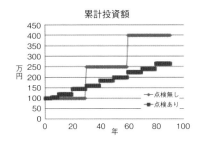

計算条件		
初期建設費		100万円
点検費用		5万円
補修費	10年目	10万円
	20年目	20万円
全体更新時建設費増加率		1.5倍

図10-2　屋根における点検の有無と維持保全総額の比較例

計算の条件は個別の住宅ごとに仕上げ材や施工条件が異なりますので一概に決められませんが、ここでは図中の表のように仮定しています。この計算条件の妥当性についてはさらに検討する必要がありますが、この計算結果から定期的に点検して大規模な補修・交換をせずに使い続けることができた場合、建物使用期間内の総支出は低く抑えられる可能性があるということがわかります。

　事後的な補修・交換は場合により補修に多大な費用がかかり、危険性を放置することにつながります。建物の経済的価値の損失ならびにその回復費用を最小限に抑え、かつ居住者の安全と安心を重視するならば、予防的な維持保全の考え方が木造住宅の維持保全に対する合理的な措置となりえます。

　LCCを低減させるためには、ライフプランを考慮した上で、それに適合した仕様やメンテナンススケジュールを立案し、適切に設計・施工・維持管理することが重要です。

初期水分

初期水分の問題点

　建物が完成した時点で構成部材に含まれている水分のことを初期水分と言います。基礎コンクリート、外壁モルタル仕上げなどの塗り壁、木材、その他、建材に含まれる水分が該当します。

　これらの水分は、完成後速やかに乾燥すれば問題ありませんが、使用位置や周囲の環境条件によっては長期間放出されずに残留し、カビの原因や、内部結露の発生源となります。

　また、木部が長時間、繊維飽和点以上の高含水状態に維持されると腐朽のリスクが高まります。特に問題になりやすいのは、屋根、外壁、バ

ルコニーの躯体と下地の木部です。

見逃されがちな工事中の雨水

　木材は、空気中の湿気だけでは繊維飽和点以上まで含水することは無く、液状の水に濡れて初めて繊維飽和点以上の含水率になります。現在の木造住宅では乾燥材の使用が一般的で、最初からこのような濡れた木材が工事に使用されることはありませんが、見逃されがちなのが、工事中の建物の雨がかりです。

　雨量 1 mmは 1 ㎡あたりの水量で 1 kgに相当し、雨水は材料を濡らす水分の供給源として極めて大きいものです。

　工事中に躯体や下地の木部が雨がかりすると、特に仕口部や突き付け目地の木口付近に局部的に多量の雨水が浸透します。

　この部分は吸水した面からの乾燥が起きにくいため、長時間水分が残留する条件になります。このような部分が十分乾燥しないまま、上に仕上げが施され、かつ外皮内の通気が不十分であると、水分の逃げ場がなく、不具合の発生につながる恐れがあります。

写真 10-1　工事中に雨で濡れた木造床
（養生シートが敷かれているが、雨水が裏面に回り込み、
乾燥できない状態になっている）

工事中の雨がかりが常態化している

　日本の在来の木造住宅工事では、躯体の建て方は晴天の日を選び、床より小屋組を先行して、その日のうちに屋根下地を張り、下葺きまで施工するのを常としてきました。

　また、軒が外壁より大きく張り出ていたため、建て方後の躯体や下地の木部の雨がかりによる濡れは軽微にとどまっていました。

　近年は枠組壁工法（２×４工法）の工程が典型的ですが、躯体を１階の床から順次積み上げ、屋根が最後になる工程が見られます。このような工程を採用する木工事では、工事期間中に雨が降れば躯体木部の雨がかりは避けられません。

　また、軸組構法の住宅でも、面材の使用が普通になり、建物本体と一体のバルコニーの普及や、軒の出が小さくなったことにより、躯体工事中の雨がかりが常態化している感があります。

　このため、工事中の建物の雨養生、木材の吸水軽減措置などの対策に加えて、初期含水した躯体、下地の乾燥を考慮した層構成の重要性が指摘されています。

　外皮内通気措置は、浸入雨水、内部結露だけでなく、初期含水対策としても重要です。「住まいの屋根換気壁通気研究会」が中心となって実施した、実験住宅による木造住宅の水分劣化リスク検証（11章「住宅・建築物技術高度化事業による実証棟研究」参照）でも、躯体工事中に生じた１回の雨がかりに起因する野地板の初期水分による著しい屋根通気層内（ただし密閉タイプ）における結露、及び床下地合板の目地周辺における初期含水によるフローリングのカビ被害の発生が確認されています。

雨漏りと雨水浸入

雨水による問題

　雨の日に雨水が天井から滴下したり、壁のクロスに水染みができたりすれば、間違いなく雨漏りです。室内でこうした異常が感知されない場合でも、屋根や外壁内部に浸入した雨水によって直接、あるいはそれを発生源とする結露によって間接的に木部の腐朽、金物の腐食、断熱材の含水による性能低下、カビの発生などが引き起こされることがあります。

　一方、外装材の隙間から内部に雨水が浸入しても、下葺き材や防水紙の裏に回らず、軒先や土台水切りから速やかに排出されて小屋裏や壁内が乾燥状態に保たれている限りは、耐久性上大きな問題になりません。

防水性能の定義

　日本建築学会建築工事標準仕様書JASS12「屋根工事」では、屋根工事の目標性能のうち、防水性能に関して、その内容を「通常の風雨条件に対して室内への雨漏りおよび屋根層内への有害な浸水を生じないこと」と定めています。

　また、「有害な浸水」とは「下葺き層より下方にある下地材、仕上げ材、断熱材などを湿潤、汚染し、また、長時間滞留して各部の劣化環境を形成する浸水」と定義しています。

　台風の時にサッシから雨水が吹き込んだりすれば、明らかに防水性の欠如と見なされますが、サッシ自体が傷んだわけではありません。

　このように、雨漏りは部位の特段の劣化現象をともなわなくても不具合になりますが、雨水浸入は湿潤、汚染、長期滞留による劣化環境形成などの実害をともなう場合に不具合であり、それ以外のものは許容されるということになります。

塩害

　日本の大都市が集中する平野部は、主に太平洋側の海外線沿いに広がっています。沿岸地域の住宅で問題になるのが、飛来塩分による金属部材の塩害です。

　木造住宅では、屋根葺き材の他、水切や換気口等、外装部材として使われる金属部材は意外に多く、これらの塩害が問題になります。また、接合金物等は、外気に露出しないことが前提となっていて、外装部材で標準となっている各種溶融亜鉛メッキのプレコート品ではなく、電気めっき等のポストコート品が多いので、換気口から侵入する飛来塩分に対しては、一定のリスクが残ります。

　鉄骨住宅の場合だと構造材等にも鋼材が使われていて、小屋裏換気にともなう飛来塩分の流入には木造とは違った対応が必要になります。

　塩害が問題になる沿岸地域は一般的に海外線から1〜2km以内とみなされますが、メーカーの製品保証の対象外となる離岸距離は材質によって異なります。一般にステンレスは防錆能力は高いとされていますが、上位鋼種のSUS304でも、鏡面仕上げや特にヘアーライン等は、飛来塩分によって錆びるケースもあり、カラー鋼板のほうが防錆能力が高くなる場合もあります。特にヘアーライン仕上げは、ステンレス表面に細かな傷をつけるため、飛来塩分等の空中浮遊物が付着しやすくなります。

　2018年の台風では、海水が巻き上げられて関東平野に飛散し、野菜等が枯れる被害も発生しました。台風のルート上にあたる太平洋側の大都市には、降雨量の少ない台風襲来時の飛来塩分による塩害対策を考えるべきでしょう。また、日本海側についても、偏西風による飛来塩分の影響は無視できません。

電食

●木造住宅の外皮には、水切を始めとしてさまざまな金属製（ガルバリウム鋼板等）部材が使われています。これらの部材が、他部材との組み合わせや使用部位などのある一定条件下において、極めて短期間で腐食する場合があり、その多くの原因は、電食とされています。

「電食」は、地中の埋設管が迷走電流によって腐食する現象を指す場合と、金属間の電極電位差がもたらす局部電池作用による電気化学的腐食を略して用いる場合とがあります。住宅外装の金属部材の腐食について言う場合は後者にあたります。

ここで、局部電池作用のメカニズムを簡単に説明します。それぞれの金属には、水分の中で持つ固有の電極電位があり、イオン化傾向の高低を決めています。「イオン化傾向」とは、水の中で金属が金属結合から金属イオンとして出やすい傾向を表しています。電位が高く、イオン化傾向が低い金属を貴な金属と言い、電位が低く、イオン化傾向が高い金属を卑な金属と言います。異種金属同士の接触時、その表面が雨水等で濡れていると、電位の低い方の金属の電子が高い金属に移動することにより電流が起きます。これが局部電池です。電子を失った側の金属原子はイオン化し、水中に溶け出します。これによる金属の減耗がいわゆる腐食であり、電気化学的な原因で起きる腐食ということなります。

局部電池作用には、直接金属同士が接触する場合のほかに、水溶液に含まれる金属と他金属の接触の場合があります。例えば、銅を含む防腐剤がアルミと亜鉛の合金メッキ製品であるガルバリウム鋼板と接触し、雨水浸入や結露により、その接触面の含水率が上昇した場合、ガルバリウム鋼板が腐食することが知られていますが、この仕組みも貴な金属である銅と卑な金属であるアルミと亜鉛の合金メッキ層の間の局部電池作用と考えることができます。巻末の資料に実際の事例を紹介しています。

雨がかり

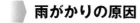

雨がかりの原因

　建物外面が雨で濡れることを「雨がかりする」、濡れる部分のことを「雨がかり範囲」などと言います。屋根を雨がかりさせないことは無理ですが、外壁の場合は建物のデザインによって雨がかりの範囲や程度が大きく変わります。

　建物外面を極力雨がかりさせないことは木造住宅の雨漏り防止や劣化防止上、最も基本的な対策といえます。

　雨がかりの原因には、直接降りかかる雨水（図10-3）、表面を伝わって回り込む雨水（図10-4）、地面や屋根面で跳ね返る雨水（図10-5）の3種類があります。

図10-3　直接降りかかる雨水

図10-4　表面を伝わって回り込む雨水

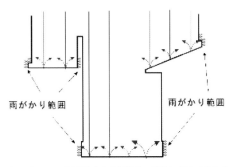

図10-5　地面や屋根面で跳ね返る雨水

雨がかりの範囲

　直接降りかかる雨水による雨がかり範囲は、降雨時の風速、風向、軒の出の大きさ、屋根の形状や勾配などによって決まり、雨がかり範囲の壁面雨量には水平面雨量が関係します。

　雨がかりの範囲や程度は風速、風向、雨量に応じて刻々変化するため、ある程度長い期間について、降雨毎の雨がかりを通算して評価する必要があります。

　図10-6は、雨量、風速、風向の観測値を用いて軒下壁面各部が受ける雨量を計算した結果の一例です。凡例の数値は、計算で得られた毎時の壁面雨量が毎時3mm以上となった頻度（1年間の時間数）を示しています。

　軒より下方、1.5mの範囲の壁面雨量が3mm以上になるのは、軒の出90cmの場合は年に5回未満ですが、軒の出5cmの場合は40回以上になり、大きな差が見られます。一方、軒より下方、3m以上の範囲の濡れ頻度には大きな差は認められません。従って、雨がかりを減らし、劣化リスクを低減するには、軒の出を大きくすると共に、軒下壁面の高さを小さくすることが有効です。

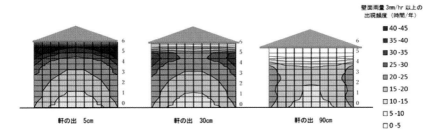

図10-6　軒下壁面の雨がかり頻度分布計算例
（横浜，北壁面，2016年）
（軒の高さ6m，寄棟屋根，屋根勾配20°）

雨がかりの問題点

　表面を伝わって回り込む雨水による雨がかりは、雨が直接当たらない位置も濡れること、および、下方ほど流量が累積して多くなることが問題です。軒の出で直接雨がかりを防げるのは、軒下の一定範囲に限られますが、壁面下方への流下水量の合計は少なくなるため、この意味で軒を出す効果は壁面全体におよぶと言えます。

　跳ね返り雨水による雨がかりは跳ね返る高さに限度があるので、雨がかり範囲は壁面の足元部に限られます。またこの場合も、雨が直接当たらない場所、例えば窓の下枠の裏のような場所が濡れることが問題です。

　跳ね返りの原因になる雨水には、直接地面や屋根面に落ちる雨滴と、屋根面や庇の上を流れてきて、先端から滴下する雨水があります。滴下水の場合は水量が大きいので、跳ね返りも激しくなります。また、跳ね返りの程度は、雨が跳ね返る面の材質や勾配でも大きく変わります。

跳ね返り雨水はどこまで飛び散る

　実験によれば、最も跳ね返りが激しい水平なコンクリート面の場合、実質的に濡れが問題になる水しぶきの最大飛散範囲は、軒先滴下水の場合、水平距離で1.1m、高さは45cm程度。直接落下する雨滴の場合、

降雨範囲の境界からの水平距離は35cm、高さは25cm程度です。

　また、金属板屋根面での雨滴の最大跳ね返り高さは20cm程度です。

　地面に砂利や人工芝などを敷くと跳ね返りを抑える効果があることも分かっています。外壁の足元部やバルコニーのテラス窓の下部は、極力跳ね返りによる雨がかり範囲にならないように基礎高さや上部の軒の出を確保することが劣化対策になります。

Leaky condo crisis （カナダの雨漏りマンション問題）

▶ 雨漏りマンション問題の経緯

　1980年から2000年にかけて、バンクーバー市を中心とするカナダBritish Columbia州の沿岸地域で起きた、大規模な雨漏り欠陥住宅問題について紹介します。

　900棟を超える木造の中層マンションや学校、31000戸の戸建て住宅で、雨漏りによる外装材、下地材のはがれや劣化、木構造部の腐朽、断熱材の湿潤、カビの発生が相次ぎ、被害総額はBC州だけで40億カナダドル（3400億円）にのぼり、カナダの住宅産業史上例を見ない事故として大きな社会問題になりました。

　住宅の場合、1戸当たりの補修費用は1～10万カナダドル（85～850万円）で、購入者は重大な経済的負担に迫られ、訴訟も相次ぎました。

▶ 雨漏りを招いた原因

　事故の背景には、1980年代初頭からバンクーバー市周辺地域が集合住宅の建設ブームとなり、BC州と全く気候が異なる地域からのデベロッパー、設計者、ゼネコン、労働者の参入があり、気候条件に合わないデザインおよび建築手法の採用や、外皮設計に対する注意の欠如、検

査や法基準の未整備があったとされています。

　中でも雨漏りを招いた最大の原因と指摘されているのはデザインの問題です。1980年代から1990年代の建築デザインの主流だったポストモダニズムの風潮に乗って、降雨量がBC州の1/3〜1/4しかない地中海や南カリフォルニア風のデザインがもてはやされ、軒0のパラペット納めの屋根、外壁のスタッコ塗り仕上げ、開放廊下、アーチ形窓、複雑な目地など、雨漏りにつながりやすいデザイン要素が採用されていました。

　そのほかにも、外皮の適正な設計施工に関わる法規制や職能制度の不備、防水性確保上好ましくない材料の使用など挙げられています。

建築基準の改正につながる

　1995年から、公的機関主導による大規模な事故原因調査、被害実態についての聞き取り調査が実施され、状況を改善するための様々な勧告を織り込んだ報告書がまとめられました。

　これらの勧告は外壁通気構法の採用などその後の外皮の設計手法やデザインの見直し、BC州における住宅所有者保護法の制定、新築住宅保証の義務化、外皮の設計施工に関わる資格制度の見直しを主な内容とする建築基準（Building Code）の改正につながっています。

同様の事故がニュージーランドでも

　同様に社会問題化した多数の住宅の雨漏りは、1990年代半ばから2000年にかけてニュージーランドでも起きています。

　被害棟数、被害総額はBC州の事例をはるかに上回るもので、雨漏りにともなって当時使用されていた無処理のラジアータパイン材の腐朽被害が顕在化したため、この事件はRotten timber house catastrophe（腐れ木造住宅問題）と名づけられました。

　この事件の反省から、建築基準が要求する防水性能の判定に外皮デザインに応じたリスク評価を採用した適合判定基準が導入されています。

すが漏れ

すが漏れの原因

　多雪寒冷地で多くみられる屋根面の漏水現象を「すが漏れ」あるいは「すが漏り」と言います。ちなみに、すが（しが）は東北弁で氷を意味します。

　屋根に積もった雪の屋根面に接する部分が室内からの熱により融けて流下し、低温状態の軒先に達すると氷結します。これを繰り返すうちに軒先付近に氷の土手（氷堤、アイスダム）ができ、その手前の部分が水たまり状態になり、屋根葺き材の隙間から壁内や室内に浸水することが原因です。このような状況では融雪水の滴下によって、軒先につららが垂れ下がります。

すが漏れの対策

　室内からの熱を屋根面に伝えないようにすれば融雪が起きにくいので、対策としては天井面あるいは屋根での断熱が有効です。

　最近の住宅は断熱が進んでいるため、軒先のつららを見かけることが少なくなりました。これはすが漏れも減っていることを意味します。

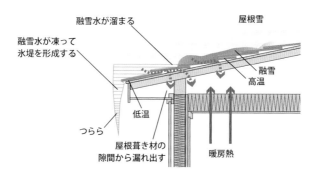

図10-7　すが漏れ

しかし、屋根雪の融けだしは日射によっても生じ、軒先部が低温になる条件ではすが漏れの危険が考えられるため、このような条件の屋根では、断熱のほかに、軒先から1m程度の範囲の下葺きに、金属板、厚手の粘着層付き防水シートなどを施工し、防水性の強化を図る必要があります。

木造住宅に発生する シロアリ食害と腐朽・カビ

木造住宅において、生物によって生じる劣化のうち、強度低下をもたらすものには、虫害と腐朽があります。虫害にはさらにシロアリ食害（蟻害）とキクイムシなどによる甲虫害があります。腐朽は菌類によって生じますが、強度低下をもたらす菌類を腐朽菌（キノコ類）、表面を汚損するだけの菌類をカビ類と呼んでいます。木造住宅では、4つの領域における生物劣化に注意する必要があります。①床下では、土壌からはい上がってくるシロアリによる食害と湿気による腐朽、②壁内では、結露・雨漏り・漏水による腐朽と下層からのシロアリ食害、③小屋組では、主として雨漏りによる腐朽、④壁下地など内装合板などの乾燥部材では、甲虫害が問題になります。

蟻害（シロアリ食害）

日本の代表的なシロアリ種は2種で、それらは西日本の海岸地帯を中心に分布するイエシロアリと、北海道西部以南の日本全国（高い山地を除く）に分布するヤマトシロアリです。これらは、地下に巣を構えて集

団（コロニー）で生活し、床下からはい上がってきます。コロニーの大半を構成するのは木材をかじり食害する職蟻で、木材を求めて、巣から出て、土中や部材の表面や内部に蟻道（トンネル）を造りながら進んでいきます。職蟻は木材を栄養として取り込み、また巣にも持ち帰って、幼虫などに与えます。シロアリは温暖で湿潤な環境を好みますので、風呂、トイレや台所などで蟻害が多発します。玄関・勝手・バルコニーの周囲、雨漏り部、壁内部にも生息することがあります。しかし行動範囲のどこかで水分補給できればよいので、乾燥した部材にも食害は広がります。シロアリは、行動範囲を広げるためには、モルタルの隙間部分や断熱材を食害することもあります。シロアリ食害は、床下や壁内や部材内部のような見えない部位で密かに進行します。

　春から夏にかけて巣から羽アリが発生して新しいコロニーが形成されます。シロアリは空気の流れや光を嫌うので、這い上がりは、床下や壁の中などで頻発し、土台から床組、柱、さらには2階にまで食害領域がひろがっていきます。しかし住人は蟻害にはほとんど気づきません。

　ヒノキ、ヒバ、クリなどの心材は蟻害の発生しにくい材とされています。また床下部は、土壌現しよりは、土間コンやベタ基礎のほうが蟻害は発生しにくいのですが、クラックや配管回りや布基礎の立ち上げ部と土間コンの間などのわずかな隙間を伝ってはい上がってくることもあります。玄関、勝手口やバルコニーなども弱点となります。

写真10-2　イエシロアリの職蟻と兵蟻

シロアリ食害は、室内や建物外周からはわかりにくいのですが、蟻害が相当進むと室内側にも兆候が認められる場合があります。この場合はそれより下部は相当蟻害が進んでいると考えられます。また現場施工の風呂では、土間コンや腰壁などの隙間から湿気やシロアリが侵入すると、壁体内部の劣化が生じます。結果的にタイルや目地部が割れ、劣化の兆候となります。

写真10-3　蟻道と土台の蟻害と腐朽

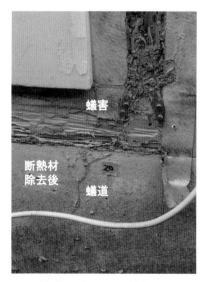

写真10-4　基礎の外張り断熱部に発生した蟻害

腐朽

　木材腐朽（腐れ、腐食とは言わない）は、菌類による木材の分解によって、強度が低下する現象です。またそれに伴い、変色、変形や欠損が生じます。菌類が繁殖するための胞子（植物の種にあたる）は、1000分の1mm程度の小さな粒子で、空気中に浮遊していたり、木部の表面に付着しています。木材が濡れて、付着している胞子に、適度に水分が供給され、温度が適度であると胞子が発芽し、細胞分裂によって白い綿状あるいは膜状の菌糸を伸ばし始めます。その過程で木材細胞を分解し、木部の強度低下や欠損が発生します。腐朽がもっとも進むのは、木材の含水率が30％以上の時です（通常の乾燥状態の木材の含水率は15％前後）。木部の腐朽菌による分解が相当進むと、世代交代のために菌糸から子実体（いわゆるキノコ）が発生し、胞子が空気中に発散されます。水分、温度などの条件が整えば、腐朽はいつでも発生するといえます。その一方で、水分を適切に管理して、木材が濡れない（濡れ続けない）ようにすれば、腐朽は発生しないともいえます。

写真10-5　壁内部への水分浸潤で発生した木部腐朽

住宅環境において、木材腐朽を起こす水分には４種類あります。①屋根や外壁から浸入してくる雨漏りの水分、②土中・床下からしみ上がってくる水分、③設備類からの漏水、④建物・床下・小屋裏や壁体内の温湿度環境によって生じたり、消えたりする結露水です。これらの水分によって木部の表面が一定期間以上濡れ続けると腐朽が発生します。

　腐朽が進むと材が、変色し、強度の低下とともに、材の変形やつぶれ、部材のズレなどが認められるようになります。材が白色化してささくれることもあります（白色腐朽）。また材が褐色し、ひび割れ状の亀裂が入ることもあります（褐色腐朽）。一般に腐朽しにくい樹種としては、ヒノキ・ヒバ・クリの心材などが挙げられます。

カビ

　菌類（総称してカビ類）には、木材腐朽性を示す菌類（キノコ）と、表面を汚損するだけの菌類（狭義のカビ）があります。どちらも似たような環境で木材に発生します。腐朽菌の菌糸は白い綿状や膜状ですが、カビの菌糸にも同様の症状を示すものもありますが、多くの場合、粉状、スス状、シミ（斑紋）状になって広がるものがあり、色も黒、暗緑色、土色、赤系、青系、黄系、灰褐色を呈する場合が多いといえます。

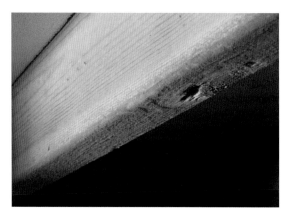

写真10-6　床枠材の下部に発生したカビ

生物劣化対策と耐久性の確保

　木造住宅の耐久性（寿命）は、環境、設計、材料、施工と維持管理の5要因で決まります。新築時には、環境を考慮しながら、設計・材料と施工管理を工夫して初期の耐久性を確保します。しかしどのような構造や材料も経年で劣化します。実際の耐久性を維持し、寿命を延ばすためには、点検と補修からなる維持管理が非常に重要です。特に生物劣化は、常に発生するリスクがありますので、定期的な維持管理は必須です。

　耐久性確保のポイントとして、蟻害については、主に床下部からの這い上がりの阻止が課題となり、腐朽については、如何に木部を濡らさないか（乾燥状態に保てるか）、濡れ続けさせないかが課題になります。建築基準法施行令49条には、外壁内部等の防腐措置等について規定があり、それに応じるような様々な手法が実施されています。

　木材の保存処理は、設計、施工や維持管理が適切であっても木部が蟻害や腐朽のリスクに暴露された時に劣化しない（しにくい）状況となるように行う処理で、多くの場合、防腐剤や防蟻材を木部に注入、含浸、

塗布する処理を指します。

　保存処理は、工場で部材を保存剤によって処理する場合と、建築現場で塗布する場合があります。用いられる薬剤は種々ありますが、最近では腐朽菌やシロアリの両方に抑制効果や予防効果があるとされる薬剤が主流になりつつあります。その一方で、人体の健康や環境への配慮から、化学薬剤への依存度が低下しつつあります。建築現場で塗布や吹付け浸漬処理によって用いられる薬剤についても、より低毒性のものが主流になりつつあります。現場処理では、木材の芯部まで薬剤が浸透しないため工場処理材に比べて効果は落ちますが、無処理に比べれば相当耐久性は向上します。

第11章

木造住宅の耐久性向上への
取り組み

国総研における共同研究

▶ 膨大な研究を実施

　2011年度から2015年度までの5年間、国土技術政策総合研究所（以下、国総研という）主催の共同研究「木造住宅の耐久性向上に関わる建物外皮の構造・仕様とその評価に関する研究」が実施されました。この研究は、木造住宅内外の水分が躯体その他の木構造部の主要な劣化要因となるため、木構造部の耐久性向上を図るには、水分が出入りする場である屋根・外壁・床下などの外皮の構造・仕様の適正化が重要であるという観点から行われました。

　この研究には、24の研究機関、団体から、木造住宅の耐久性向上に関心を持つ、建築材料・構造分野、建築環境分野、木材保存分野の学識経験者、住宅の供給と性能保証検査の実務者、住宅外皮部材の供給と専門工事の実務者が参加しました。全体の委員長を務めたのは、本研究会理事の石川廣三東海大学名誉教授です。

　16の分科会に分かれて行った、延べ1000時間を超える討議と、調査、分析、実験を経て、最終的に以下のような成果物を取りまとめています。

【住まい手向け─情報交換・維持保全ガイドライン】
　「木造住宅の耐久性を向上させる家造りガイドライン」
　「木造住宅の長期使用に向けた屋根、外壁、床下のメンテナンスガイドライン」

【造り手向け─リスク分析・評価ガイドライン】
　「木造住宅の水分に起因する劣化リスク分析・同解説」
　「木造住宅外皮の雨水浸入リスク評価手法」
　「木造住宅の外皮木部の水分履歴に応じた腐朽危険度予測手法」
　「外皮構造の異業種施工取り合い部のリスク分析」

「ラスモルタル外壁の構造耐力に及ぼす接合部の耐久性評価方法(案)」

「木造住宅外皮の設計施工に起因する不具合事例集」

【造り手向け―設計・施工ガイドライン】

「通気下地屋根構法の設計施工要領（案)」

「木造住宅外壁の劣化対策重点部位の推奨納まり図（案)」

「真壁木造外壁の防水設計施工基準（案)」

「木造住宅外皮の換気・通気計画ガイドライン（案)」

　これらの成果物は、2017年に国総研資料第975号として刊行されるとともに、国総研のWEBサイト上に公開され、Ā4判1860頁におよぶ全文を自由にダウンロードすることができます。

　以下、ここでは、特に住まい手に役立つと考えられる成果物「木造住宅の耐久性を向上させる家造りガイドライン」の関連ツールの概略を紹介します。

◤ 長持ち住宅づくりに役立てたいツール

（1）「長持ち住宅の選び方（案)」

　住まい手を対象として、住まいの不具合事例、基本性能、助成制度、防水、省エネ、結露、防災など、耐久性能の重要事項について情報提供するWEBサイトです。

　図11-1は「不具合事例」に紹介されている、築6年未満の3階建て木造住宅の合板耐力壁が広範囲に著しく劣化し、モルタルの裏面が露出している状況です。

モルタル直張り耐力壁の合板が
腐朽しモルタルの裏面が露出

図11-1　不具合事例（合板耐力壁）
モルタル直張り、築6年未満、埼玉県

（2）「長持ち我が家を築く！造り手との情報交換ツール」
　住まい手からマイホームの要望を伝え、候補となる住宅の仕様や性能を把握するための表計算ソフトです。図11-2のように、住まい手はこのツールを使って「家族構成」、希望する「部屋の数と広さ」、所有している「土地」、重視している「項目」、「予算額の範囲」、「要望」などを記入したファイルを、候補とする複数の造り手に送付し、造り手は住まい手の提示するデータに応じて、提案する性能等級や外皮の構造仕様を記入したファイル（図11-3）を返送します。
　このファイルには自動的に住宅の耐久性に関わる推奨率が表示されるため、住まい手は各社の提案する外皮の仕様、性能、必要経費などを、横並びに比較・評価することができます。

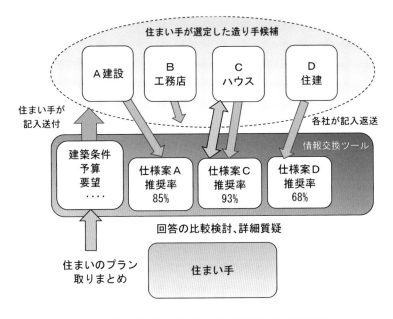

図11-2　情報交換ツールの利用方法概念図

									窯業系サイディング		金属系サイディング	樹脂系サイディング
87	41			外装材		解説	—		モルタル通気構法	窯業系サイディング	金属系サイディング	樹脂系サイディング
88	42								モルタル通気構法	モルタル 非通気	その他( )
89	43			防湿対策		解説	◎	○	別張り防湿フィルム	断熱材付属フィルム	なし
90	44		共通事項	通気層の厚さ		解説	◎	○	15mm以上または12mm＋下地面材	12mm未満	その他( )
91	45	外壁		透湿防水シートの張る範囲		解説	●	—	通気層下端から上端迄	途中まで	その他( )
92	46			土台水切りと透湿防水シート間の防水		解説	◎	—	防水テープの張り付け	張り付けなし	その他( )
93	47			軒桁と透湿防水シート間の防水		解説	◎	—	防水テープの張り付け	張り付けなし	その他( )
94	48		窓まわり	先張り防水シート(窓台)		解説	◎	—	施工する	施工しない	その他( )
95	49			シーリング		解説	◎	○	プライマー＋高耐久シーリング	プライマー＋一般シーリング	その他( )
96	50			胴縁		解説	◎	○	縦胴縁、通気金物	横胴縁	
97	51		乾式外壁	サイディング		解説	◎	○	JIS認定品	JIS適合品	その他( )
98	52			サイディングの塗装の種類		解説	◎	—	高耐久塗料	一般塗料	その他( )
99	53			サイディングの塗膜保証		解説	◎	○	15年以上	10年以上	その他( )
100	54						推奨率 91%				

図11-3　情報交換ツールによる造り手の提案仕様の回答イメージ

（3）「住宅取得予定者のための材料選択シート」

　住宅の耐久性を確保する上で重要な外皮を構成する材料・部材の特徴を予め知り、適切な材料を選択する手助けとなる情報シートです。材料・部材ごとに、住宅のどこに使用されるか、役割は？必要な性能は？どんな種類があるか？価格の目安とグレードなど、住まい手の視点に立った項目で説明されています。

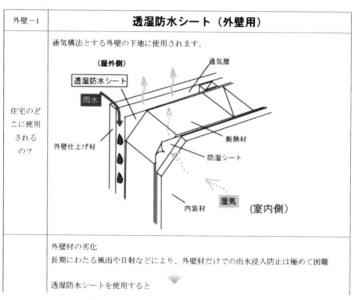

図11-4　材料選択シート／透湿防水シートの例

（4）「住宅外皮重要ポイントチェックリスト」

　このチェックリストは、耐久性確保の重要ポイントである「床下まわり」、「外壁・窓」、「バルコニー」、「屋根」について、住宅発注者が設計者や外部の建築士など、住宅関係の有識者と相談しながら、採用を希望する構法・仕様を決める際の技術資料です。

　（1）〜（4）のツールに関してより詳しく知りたい方は、「長持ち住宅ガイドライン」のキーワードでWEB検索し、国土技術政策総合研究所（nilim）の開設ページにアクセスしてください。

国土交通省住宅・建築物技術
高度化事業による実証棟研究

住宅・建築物技術高度化事業とは

　本事業は国土交通省が実施している技術開発補助事業で、住宅建築行政における政策課題の解決に寄与する先導的技術の開発を行う民間事業者等を公募し、優れた技術開発の提案を応募した者に対して、国が当該技術開発に要する費用の一部を補助するものであり、平成２６年に創設されました。

　住まいの屋根換気壁通気研究会では、(株)ハウゼコ、近畿大学、(有)松尾設計室と協同して、平成27年度の募集課題のうち、「住宅等におけるストック活用、長寿命化対策に資する技術開発」に「木造陸屋根及び木造ルーフバルコニーにおける耐久性向上のための技術開発」の提案を応募し、審査の結果採択されました。

　提案の内容は、木造建築の陸屋根とルーフバルコニーの耐久性向上のため不可欠な、水分を適切に排出するための部位内部の通気手段について、同一の実証棟において通気を確保した構造システムと従来の方法による構造システムの性能比較を行い、前者の有効性を実証しようとするものです。

背景

　欧米に比べて極端に短いとされる日本の木造住宅の使用年数を延伸することを目的とした高耐久化が叫ばれて久しいですが、雨の多い日本において、木造住宅施工中の雨濡れの影響が竣工後の耐久性にどの程度影響を及ぼすのか、これまで明らかにされていません。

　一方で、勾配を重視したバナキュラーな住宅の屋根形態に対して、近年、陸屋根、あるいは壁を断ち切ったような、屋根を意識させないキュービックデザインの住宅が増加しています。従来は庇・軒を作ることで降

雨を壁体から遠ざけ、雨によるダメージを避けてきましたが、近年のデザインでは、雨を直接受ける形態に変わってきているといえます。

　また、ロフトや勾配天井を設けることができる屋根断熱は、10年間で急増しています。屋根断熱の通気基準は、住宅金融支援機構の木造住宅工事仕様書に示されていますが、間違った理解により結露事故が多くなっています。

　さらに地球温暖化防止や地方創成を目的として、日本でも木造建築の振興と拡大が政策として進められ、CLTのような新たな木質部材の開発が進み、多くの木材利用が促進されています。断熱・気密化も求められる昨今の仕様を考慮すると、耐久性の向上に十分配慮した設計・施工の下に建てることが重要であり、そのための技術開発が喫緊の課題になっています。

▶ 実証棟の概要

　以上を背景に、本事業では、兵庫県加西市の㈱ハウゼコ社加西工場敷地内に小規模な2階建ての木造住宅を建設し、竣工直後から2年間にわたり、壁体内・小屋裏空間などの温湿度と含水率変動を把握する実証実験を行いました。

　建物は、南側にルーフバルコニーがあるキュービック形状で、屋根は3方パラペット金属屋根（立平葺、0.5寸勾配）、外壁材は窯業系サイディングです。

　建物は東西方向にほぼ左右対称形で、屋根（屋根断熱方式）、バルコニー、外壁のそれぞれの構造が通気・換気措置を積極的に導入して外気と連通する部分と、措置を導入せずに閉塞的な部分の二つに分かれています。

　屋根の野地板と断熱層の間は、一方は通気層30mmを設け軒先と水上に換気部材を設置し、もう一方には同じように通気層30mmを設けましたが換気部材を設置せずに閉塞してあります。

　この実証棟は、2015年の11月から建設が始まり、2016年の4月に竣工しました。その間、通常の住宅建設現場と同様に一般的な養生を行

い、雨濡れを経験しています。

写真11-1　実証棟

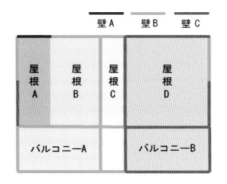

図11-5　実証棟外皮構造の区分
（左半分が通気措置あり、右半分が通気措置無し）

野地板裏面の異変（黒ずみ）

　実験開始からまもなくのことですが、換気部材を設置した屋根の区画は竣工した当時のままきれいな状態だったのに対して、閉塞した側の通

203

気層の野地板裏面は水分を含み黒ずんだ状態へと変化していました。驚くことに完成後2ヶ月目から、このような状態が確認されました。

黒ずんだ部分は木材の成分であり腐朽菌ではないことを確認しましたが、鉄製の釘は錆が発生し、このまま放置すると、さらに腐食が進行するものと思われました。

また、注目すべきは天井裏（屋根断熱野地下の通気層）の相対湿度を示したグラフです（図11-6）。換気部材ありの区画は気温の変化に応じ上下していますが、換気部材無しの区画は日中の温度上昇でわずかに低下するものの、その他は100％に達しています。つまり、換気部材無しの区画は明らかに結露が継続していたものと推測されます。

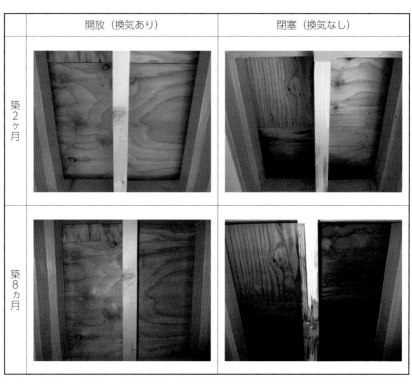

	開放（換気あり）	閉塞（換気なし）
築2ヶ月		
築8カ月		

写真11-2　野地板裏面の目視観察

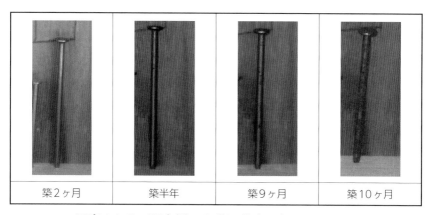

| 築2ヶ月 | 築半年 | 築9ヶ月 | 築10ヶ月 |

写真11-3　閉塞側の2階天井裏の釘の目視観察

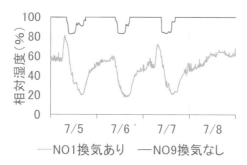

—NO1換気あり　—NO9換気なし

図11-6　2階天井裏（屋根断熱野地下の通気層）の相対湿度変動

高湿度の原因

　観測データの分析では、天井の相対温度と降雨との相関は見られませんでした。目視観察も行い、漏水の可能性は極めて低いと判断しました。

　研究会では施工中の雨によって水を含んだ屋根下地合板全体から日中の温度上昇、あるいは日射によって水分が天井裏空間に放出され、これが最上部に移動することで最上部空間の絶対湿度が上昇し、周辺の木部に吸湿された結果、この空間が常に高湿状態（結露）を示すことになったと考えています。

フローリングの染み

　大引きなど床の構造材が工事中の雨に濡れてしまったことにより、カビが発生するケースがあります。それは床下だけにとどまらず床仕上げ材のフローリングにも染みが表れます。

　実験棟では工事の際、床下地をわずか1日雨に濡らした結果、2ヵ月後に仕上げのフローリングにカビによる染みが生じました。

　発生した箇所は、床の大引きと下地合板の継ぎ目が重なり、またフローリングの継ぎ目と交差しているという特徴があります。隙間に湿気が集まり湿度が上昇し、カビが成長したと見られます。

　フローリングの含水率はカビが発生していない箇所で20％ですが、発生した箇所は60％前後に達していました。

　また、近畿大学の岩前研究室にて行った再現実験の結果、木材の初期放湿や床下空間からの放湿ではなく剛床の初期含水がカビ発生の原因であることがわかりました。

　このような症状を起こさないようにするには、工事中に構造材を濡らさないことが非常に重要です。

| 築4ヶ月 | 築7ヶ月 |

写真11-4　フローリング目視観察

《資料編》

資料 I　小屋裏換気

近年の住宅トレンドと小屋裏換気の問題点

1．屋根の形状
2．ルーフバルコニーの有無
3．小屋裏換気方式
4．屋根葺き材
5．軒の出の長さ
6．まとめ

小屋裏換気の基準の歴史

1．米国における小屋裏換気の歴史
2．日本における小屋裏換気基準の制定、改定の経緯

各地の小屋裏換気基準

1．旧住宅金融公庫の北海道の小屋裏換気基準
2．イギリスの小屋裏換気基準
3．オーストリア（チロル）の小屋裏換気基準
4．カナダの小屋裏換気基準
5．アメリカの小屋裏換気基準

日本の現在の小屋裏換気基準の問題点

1．全国同一基準
2．有効開口面積
3．明示されていない屋根形状
4．屋根断熱構法の扱いについて
5．小屋裏換気孔の防雨性能評価について

まとめ

≡ 近年の住宅トレンドと小屋裏換気の問題点

1. 屋根の形状

　近年、意匠重視の風潮の中、屋根形状が多様化している。屋根形状は、寄棟・入母屋から切妻・片流れへシフトしているが（図Ⅰ-1参照）、このことは、シンプルモダンの意匠の流行と太陽光発電の設置に有利な事等によるものである。

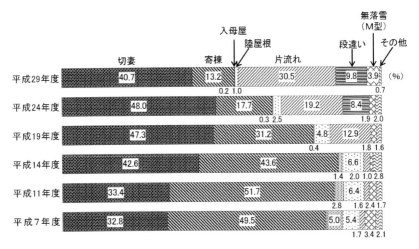

図Ⅰ-1　屋根形状の変化
（出典：住宅金融支援機構フラット35
住宅仕様実態調査報告 平成29年度、以下図Ⅰ-2～5も同じ）

　最近増加傾向のキューブ型住宅に多く使われる三方パラペット屋根は片流れにカウントされていると思われる。住宅金融支援機構の小屋裏換気基準には、それぞれ適用する屋根形状の例が示されているが、片流れ屋根と四方パラペットの陸屋根は示されていないため、基準の適用に関して実務上混乱を招いているきらいがある。

　片流れは、屋根勝ちにして軒の出を出した場合は、軒裏から吸排気する場合が多く、住宅金融支援機構の小屋裏換気基準（ロ）の軒裏吸排気1/250が適用される。この場合水上側で軒裏吸排気をとると、雨水浸

入リスクが高く、屋根と壁の交点で片流れ換気棟を設置したほうが、雨仕舞上の問題が起こりにくい。

　壁と屋根の交点に片流れ屋根換気棟を設置する場合は、同（ニ）の吸気1/900，排気1/1600が適用される。三方パラペットは、片流れ屋根とパラペットの取り合い部の雨押えで換気をとることが多く、同様に吸気1/900，排気1/1600が適用される。水下側の軒裏でとる場合は、1/250が適用される。

　四方パラペットは、小屋裏の壁で換気する同（イ）の１／300以上の基準を使う以外に方法は無いのだが、意匠上それだけの換気面積を確保することは難しいため、屋根断熱の特例を使って小屋裏換気を逃れているケースが多い。屋根断熱は断熱層上部での結露発生事例が多く、キューブ型デザイン住宅の劣化リスクが高い要因となっている。基準上はクリアしていても、適切な換気部材を使い、通換気経路を確保して、構造躯体の劣化を抑止しなければいけない。

写真Ⅰ-1　キューブ型住宅（屋根断熱、築１年）の劣化事例

2．ルーフバルコニーの有無

　換気条件がパラペット付き屋根と共通する部位として、ルーフバルコニーがある。２Ｆにアウトドアリビングを設ける等、意匠・機能両面からの顧客ニーズが高く、約半数の住宅に設置されており、増加傾向にある。

	n	あり	なし	
全　体	(2,989)	51.6	48.4	(%)

図Ⅰ-2　ルーフバルコニーの設置比率（平成29年度、全国）

ルーフバルコニーの床下、手すり壁は、結露・雨漏り事故の多い場所なので注意が必要である。小屋裏（床下空間）の湿気を、手すり壁の通気層を経由して外気へ排出するシステムは、耐久性上の一定の効果はあるが、小屋裏換気方式としては認められていない。

３．小屋裏換気方式

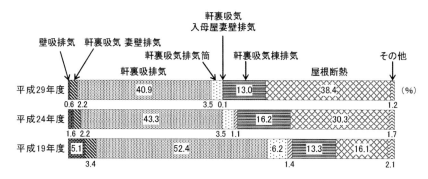

図Ⅰ-3　小屋裏換気方式の変化

　小屋裏換気方式に関しては、屋根断熱を採用して小屋裏換気を行わない住宅の増加が著しい。屋根断熱は小屋裏換気基準の対象外になるため、屋根層内に適切な通気経路が確保されていないケースも多く、結露リスクが高くなる。次に多いのが軒裏吸排気であるが、湿気は、小屋裏の頭頂部に集まるため、換気効率はあまり良くない。軒裏から吸気し、棟あるいは妻壁上部から排気する方式は、換気効率の点で望ましいとされるが、ここ10年間でほとんど採用率が伸びていない。

４．屋根葺き材

　屋根葺き材は、鋼板屋根の割合が約４割に増加していることがわかる。鋼板屋根は、熱伝導率が高く、夏の日射や冬の放射冷却による温度変化を直接野地板に伝えるため、換気や通気が不十分な場合、日射による夏型結露や放射冷却による冬型結露のリスクが高くなる。木造住宅工事従事者には、鋼板製屋根材についての知見が乏しい場合も多く、トラブル

の増加要因になっている。

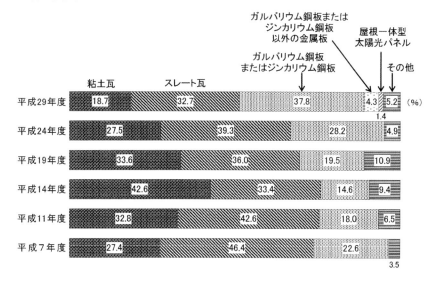

図Ⅰ-4　屋根葺き材の変化

5．軒の出の長さ

軒の出の長さは、年々短くなり、現在の住宅の約30％が40cm未満である。

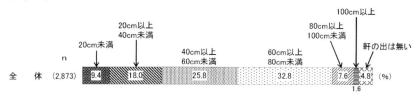

図Ⅰ-5　軒の出寸法の比率（平成29年度、全国）

軒の出が短いと、壁面の雨がかりが増し、また軒下部の換気口の雨仕舞が難しくなる事によって雨漏りや結露事故が多くなるリスクがある。

以上、フラット35融資住宅のアンケート結果から、最近の10年間で顕著な変化が見られた項目を挙げると、①屋根形状は、片流れが12％から30％、②小屋裏換気方式は、屋根断熱が16％から38％、③屋根葺き材は、鋼板屋根が14％から37％に増加している。また、平成29年

度については軒の出は、約30％が40cm未満、ルーフバルコニーの設置率は、約50％となっている。

6．まとめ

　最近の住宅トレンドを一口で言えば、片流れ（三方パラペット）の鋼板屋根で、ルーフバルコニーがあり、軒の出が少ない、屋根断熱の住宅である。

　つまり、それぞれの部位で、小屋裏換気が難しく、結露リスクが高くなっており、これらのトレンドの背景にあるシンプルモダンや勾配天井のロフト空間などのデザイン志向が、耐久性上のリスクの高い住宅の割合を増やしていると言える。

■ 小屋裏換気の基準の歴史

1．米国における小屋裏換気の歴史

　米国における小屋裏換気の歴史については、イリノイ大学建築学科のWilliam Rose氏の論文 "Early history of attic ventilation" に詳しく書かれている。以下，この論文に拠ってその流れを要約する。

〈第二次世界大戦以前の動き〉

　小屋裏換気の研究や基準制定に関する主要な動きとして以下がある。

- FPL（Forest Products Laboratory 林業研究所）における結露の研究
- Rodgersの断熱と結露に関する論評
- Rowley教授の小屋裏結露に関する模型実験
- FHA（Federal Housing Authority 連邦住宅局）の住宅構造基準改定における小屋裏換気口面積の規定

　FPLでは木材の塗装剥離の原因に関連して米国の研究機関として初めて結露現象に着目し、1937年に発表した壁内と小屋裏の結露に関す

る論文で適切な小屋裏換気の必要性について述べている。

　Tyler Stewart Rodgersは、1930年代に建築雑誌の設計資料欄に技術関連記事を執筆した著名な技術者で、1938年にArchitectural Record誌に「断熱された構造物における結露防止」という記事を発表している。

　この記事では前述のFPLの論文と後述するRowleyの実験が引用されている。また、小屋裏と屋根の断熱に関して、断熱層の高温側への防湿層の設置と小屋裏空間の換気の必要性を述べ、小屋裏妻壁の極力高い位置で、または換気棟あるいは排気塔を用いて換気することを推奨している。図1-6はRodgersの記事の換気方式の解説図である。

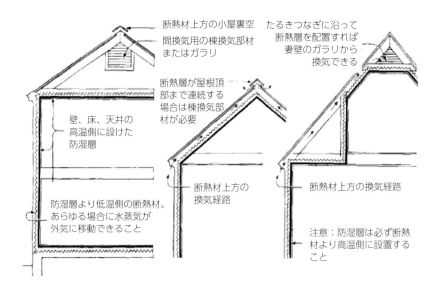

図Ⅰ-6　防湿材による断熱材の保護と屋根換気の説明図
Tyler Stewart Rogers：”Preventing condensation in insulated structures”,
Architectural Record, March 1938の図版
(図版解説：左端の図は、天井断熱の小屋裏換気用の棟換気装置か妻壁ルーバーを示し、断熱層の高温側に防湿層を設置すべきことを指摘している。真中の図は、屋根断熱時は、断熱材の上の換気を可能にする棟換気装置が望ましいとしている。右端の図は、断熱材が、屋根の頭頂部手前で小さな小屋裏空間を作っているときは、妻面換気で対応可能としている。1938年に書かれたこの3つのディテールは、現

在の日本の諸基準のディテールよりもわかりやすい。）

　Frank B. Rowley博士は、1934年にASHVE（現ASHRAE, 米国暖
房冷凍空調学会）の会長に選ばれた著名な研究者であり、1939年に発
表した共著論文、"Condensation of moisture and its relation to
building construction and operation"（結露と建築構造および運転条
件の関係）の中で小屋裏内の結露と小屋裏温度におよぼす換気の効果に
関する実験結果を発表している。

図 I -7　Rowleyの実験で用いられた住宅模型

　この実験では、図 I -7のような住宅の縮尺模型3体をミネソタ大学
の人工気象室に設置し、室内：温度21.1℃、相対湿度40%、外気：温
度-23.3℃の条件の下で、小屋裏に置いたアルミニウム板上に氷結した
結露水量を計測し、小屋裏の自然換気量の違いによる差を検討している。
実験の結果、天井面積1ft^{2}当たりの24時間結露水量は、小屋裏換気な
しの試験体で3グラム、換気口面積/天井面積比1/576相当の試験体で
0.16グラム、同1/288の試験体では発生なしであった。この結果から、
小屋裏の結露防止に外部との換気が有効であると結論付けている。

　FHA（Federal Housing Authority連邦住宅局）の住宅構造基準
（Minimum property requirement）は、現在のようなModel Building
Codeが出来る前に戦前から使われていた住宅各部構造の規定である
が、1942年の改定時に小屋裏換気の基準として、天井面積に対する換
気口面積の比を1/300以上とすることが明記された。

以上の動きに関連して、参考論文の著者であるRose氏は、Rowley博士の実験における結露発生条件としての換気口面積比は、発生した結露水量から考えて、実際の小屋裏結露の発生の危険性に関して何ら物理的な意味を持たないことを指摘している。また、FHAの換気口面積比1/300の規定に関して、この基準が現在のModel Building Codeで採用されている値の源であるが、制定当時文献等の引用は無く、全く恣意的に定められたものであると指摘している。

＜第二次世界大戦後の動き＞

　FHAの監督庁であるHHFA（Housing and Home Finance Agency 住宅金融機構）はRalph R. Brittonを長として、1942年の基準の確認のため壁と屋根の結露に関する一連の研究に着手し、1948年から1949年にかけて多数の報告をしている。

　ペンシルバニア州立大学で行われた屋根の実験から、小屋裏結露の防止に関する防湿層の重要性を立証し、さらに、床下の湿気が壁内やパイプシャフトを経由して小屋裏に浸入しないようにすることで、換気率を大幅に減らせることを見出している。Brittonの成果は1949年にHHFAから"Condensation control in dwelling construction"として刊行され、戦後の住宅建設で広く利用された。図Ⅱ-8はこの冊子に掲載された寄棟屋根のたるき間の通気に関する解説図である。

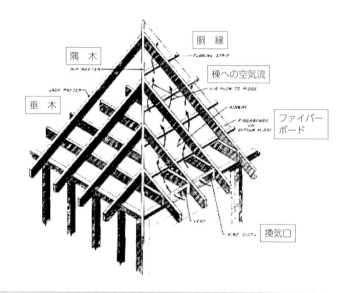

隅木

垂木

胴縁

棟への空気流

ファイバーボード

換気口

寄棟屋根の屋根断熱構法で、垂木間または垂木の下面に断熱材を施工すると、垂木間の空間が隅木によって完全に閉鎖されるため、通気に支障が生じる。そのため垂木下に胴縁を設けて通気経路を確保する。このディテールではファイバーボードを断熱材兼天井に使用している。軒下部に外気を取込む吸気口が示されている。図には示されていないが、隅棟付近には排気を可能にするための排気口が設けられる

図Ⅰ-8　Condensation control in dwelling construction（住宅構造における結露防止），HHFA，1949）の図版

（図版解説：密閉型の垂木空間の結露リスクを指摘し、垂木の下に胴縁を設ける通気手法が提示されていることは、貴重な知見といえる。現在では、隅棟から専用の換気棟で排気することが可能になっている。日本では、いまだに垂木による通気阻害の問題点の指摘と解決策が明示されておらず、築1年程度で腐朽する事故事例が後を絶たない）

　1950年に初版が発行されたBOCA Basic Building Codeには、米国のModel Building Code＊としては最初に小屋裏換気規定が記載された。その規定では小屋裏の相対する位置に2箇所以上の換気口を設けるものとし、合計の換気口面積の天井面積に対する比として、FHAの換気口面積比基準の1/300が踏襲された。

（＊注：BOCAはBuilding Officials Code Administration Internationalの略。米国には2000年以前にBOCAを含めて3つの団体が独自に作ったModel Bulding

Codeがあり、地域別に利用されていたが、2000年以降は全国統一のCodeに統一された)

　この1/300の値は、現行の米国のIBC（International Building Code）、IRC（International Residential Code）で、天井の防湿層の設置および上下の換気口の配置や面積比率が特定の条件を満たす場合に例外的に採用できるとしている換気口面積比と同じである。（2018年版による）ただし、上記の特定の条件の内容は、Codeごとに年を追って見直しが行われている。

　1970年代から、棟換気部材メーカーの刊行物が、小屋裏換気による夏期の小屋裏温度低減効果を謳うようになり、1988年にARMA（Asphalt Roofing Manufacturers Associationアスファルト屋根材協会）が発行したResidential asphalt roofing manualでは適切な小屋裏換気がアスファルト系屋根製品の早期劣化の抑制に有用と記載されている。

　以上、Rose氏の論文に基づいて、米国における小屋裏換気の基準の歴史とその基礎となる研究の流れを見てきたが、米国では、1930年代から断熱と合わせて結露と換気の研究が始まっていることは、非常に興味深い。1938年には、小屋裏換気についてすでに換気棟の有効性が明示されていた事は特筆すべきことである。ちなみに住まいの屋根換気壁通気研究会で実施した小屋裏の換気回数についての実棟実験で、軒先から軒先への換気経路の場合と軒先から棟への換気経路の比較をすると、軒先から棟への換気経路のほうが換気回数が2.7倍多いという結果が得られている。

　それと共に、現在のModel Building Codeで採用されている換気口面積比率の基準値が、1942年にさほど根拠なしに定められたと思われるFHAの基準をそのまま踏襲していることも分かる。次項で述べるように、日本の小屋裏換気基準は明らかに米国の基準を参考に策定されたものであり、今後の研究の進展を待って、将来的に見直しの余地は大いにあると考えられる。

2. 日本における小屋裏換気基準の制定、改定の経緯

　わが国で、初めて小屋裏の換気についての公的な基準が定められたのは、住宅金融公庫（現在の住宅金融支援機構の前身）の枠組壁工法住宅共通仕様書におけるものが最初である。枠組壁工法は、1974年に技術基準が建設省（現在の国土交通省）告示第1019号として制定され、一般工法としてオープン化された。それまでの日本の住宅の屋根は通気性が良いバラ板の野地板、土居葺きや杉皮葺きの下葺き、瓦などにより構成され、ほとんど換気の必要が無いものが大半であった為、壁と野地に合板を張る枠組壁工法の出現と共に小屋裏換気基準を定める必要が生じたと思われる。

　住宅金融公庫の枠組壁工法住宅共通仕様書は、技術基準の告示制定を受けて同じ年に作られたが、小屋裏換気基準は制定時の版には無く、1977年の改訂版から取り入れられた。当時の基準の内容を見ると、（イ）として、同一水平面上に設ける換気口の合計有効開口面積の、天井面積に対する比率を1/150とし、天井面に厚さ0.1mmの防湿フィルムを敷くか、換気口を天井面より910mm以上高い位置に設ける場合は1/300以上としている。これらの比率の数値や適用の条件は、微妙に異なる点はあるものの、前述のBOCA、その他のModel Building Codeで一貫して採用されてきたものにほぼ一致している。

　このほか、（ロ）、（ハ）、（ニ）として、陸屋根の場合、吸気口と排気口を上下に離す場合、排気塔を設ける場合についての基準も示されている。

　これらの換気方式とそれぞれの有効開口面積の比率の数値は、当時米国農務省から刊行されていた"Wood-frame house construction"（Agriculture handbook No.73, 1955年初版）の小屋裏換気指針の内容と一致しており、同基準が当時の米国の情報を参考に策定されたことは明らかである。これは、枠組壁工法の技術が、北米大陸から導入された経緯を考えれば当然と言える。

　1977年基準は、枠組壁工法住宅共通仕様書の1982年改定版において、ほぼ現行の基準の内容に改められ*、同年度版の軸組構法を対象と

した木造住宅工事共通仕様書にも追記された。また、2001年改定版で（ホ）として棟換気方式が追加されている。2001年制定の品確法の性能評価基準における劣化対策措置としての小屋裏換気基準も、文字、文章は多少異なるが、実質的に同一内容となっている。

（*注：1977年版の（イ）にあった比率1/150は削除され、妻壁の出来るだけ高い位置に換気口を設けることとして1/300以上に変更され、また、（ロ）の陸屋根の場合の基準は削除され、比率はそのままで軒裏の場合に変更された。）

各地の小屋裏換気基準

国内、海外、各地の小屋裏換気基準を紹介する。

1．（旧）住宅金融公庫の北海道の小屋裏換気基準

旧住宅金融公庫の木造住宅工事仕様書では、北海道独自の仕様が定められ、小屋裏換気も独自の基準が運用されていたが、2007年4月に住宅金融公庫が廃止され、住宅金融支援機構が発足すると同時にこの基準も無くなった。

この小屋裏換気基準は、本州の小屋裏換気基準より詳細な規定になっていた。寒冷地である北海道は、耐久性上の問題だけではなく、雪が溶けてすがもれや落雪等が起こらないよう、小屋裏が0℃を上回らないように基準を作った。特に天井断熱方式と屋根断熱方式、勾配屋根とフラット屋根の違いによって有効開口面積を変えている。天井断熱より屋根断熱が厳しいのは当然だが、フラット屋根のほうが基準が緩いのは、重力換気の観点から若干の疑問が残る。

2月の平均外部風速による換気面積の低減を可能としていたことも興味深い。

表 1-18-1 屋根形状・小屋裏換気方式ごとの小屋裏換気孔有効開口面積比

		天井見付面積に対する小屋裏換気孔有効開口面積の比		
		勾配屋根（落雪屋根及び雪止め金具などを用いる勾配屋根）		M 型屋根（フラット屋根）
		天井断熱方式	屋根断熱方式	
軒天換気方式		1/290 以上	1/240 以上	1/360 以上
むね換気併用軒天	むね換気孔	1/1200 以上		
	軒天換気孔	1/1200 以上	1/720 以上	

※勾配屋根、フラット屋根併用の場合は勾配屋根の基準を用います。天井断熱方式、屋根断熱方式併用の場合は屋根断熱方式の基準を用います。勾配屋根とは勾配が 1/10 以上のものとします。

[強風地域の補正]
　外部風の強い地域では必要な開口面積が小さくなるため、2 月の平均風速に応じて、表 1-18-1 の値に表 1-18-2 の係数を乗じることができます。各地の平均風速については、気象庁のホームページ「過去の気象データ検索」を参考としてください。

表 1-18-2　2 月の平均外部風速と表 1-18-1 の値に乗じる係数

2 月の平均外部風速	乗じる係数	代表的な地域
3m/s 以上	0.7	倶知安、小樽、苫小牧、岩見沢、雄武、森、網走、紋別、羽幌、寿都、函館、石狩
4.5m/s 以上	0.3	稚内、浦河、釧路、室蘭、留萌、根室、江差

[小屋裏換気]
　冬期の小屋裏または屋根裏における結露の防止、夏期の熱気の速やかな排出のためには、小屋裏または屋根裏の換気量を確保する必要があります。
　また、屋根雪により発生する諸障害を防止するためにも、小屋裏または屋根裏通気層への熱損失を抑制するとともに、小屋裏または屋根裏通気層への積極的な外気導入を図ることにより、屋根面をできる限り外気温に近づけ、室内からの熱により屋根雪が融解することがないようにする必要があります。

　換気方式には、軒天換気方式とむね換気併用軒天換気方式があり、軒天換気と妻換気を併用する場合はむね換気併用軒天換気方式に含まれます。
　換気方式は、軒天換気方式よりも、むね換気併用軒天換気方式の方が換気能力に優れており、M 型屋根やフラット屋根以外の屋根形状の場合は、むね換気併用軒天換気方式を採用する方が望ましいといえます。

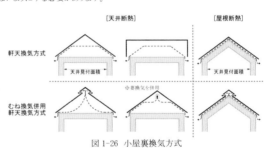

図 1-26　小屋裏換気方式

図 I -9　住宅金融公庫の北海道の小屋裏換気基準

2．イギリスの小屋裏換気基準

　英国（England ＆ Wales）では建築基準法Building　Regulationsは性能規定中心であり、具体的仕様規定はApproved Documentsで補足される。屋根の結露防止に関する仕様規定は、Approved Documents C2 "Resistance to Moisture"（排水・防水・防湿）の中に記載されている。C2の本文には屋根の換気方法についての具体的記述はなく、英国規格BS5250 "Code of practice for control of condensation in buildings"（建築物の結露防止）が準拠規定として引用されている。一

方、Scotland, Northern Ireland, Irelandの建築法規では、従前から
BS5250が該当条文の準拠規格となっている。

　現行のBS5250は2011年改定版であり、小屋裏の換気基準に関する
規定はAnnex H：Application of design principles – Roofs（付則H
「屋根の防露設計」にある。

　英国の小屋裏換気基準の特徴は、開口率を対天井面積比ではなく、開
口幅（屋根の長辺の全長に連続して設けたスリットとしての）で示して
いること、および、勾配と下葺き材の透湿抵抗値[1] によって基準値を
変えていることである。また、形状、勾配が一般的な住宅屋根では屋根
の相対する両辺の軒レベルでの換気を基本としており、大スパン、急勾
配、複雑な形状の屋根では軒および棟のレベルでの換気を規定している。

　開口率をスリット開口幅で示していることや、屋根の相対する両辺に
開口を設けるとしていることから、小屋裏内に屋根の全長にわたって横
断気流を生じさせることを換気の基本としていることが伺える。

BS5250:2011 AnnexH：Application of design principles-Roofsの規定

　天井断熱屋根[2] の小屋裏換気についての必要最小換気口寸法の規定
は以下のTable H.1に示すとおりである。

TableH.1　軒部換気口の最小寸法

勾配	下葺き材	天井	相当開口幅
10°〜15°	HR[A]	規定なし	屋根の水平長辺寸法×25mm
15°〜75°			屋根の水平長辺寸法×10mm
10°〜75°	LR	通常	屋根の水平長辺寸法×7mm
		気密	屋根の水平長辺寸法×3mm[B]

A)　下記の屋根では屋根頂部に屋根の水平長辺寸法×5mm相当幅の開口を加える
　1)　勾配が35°を超える屋根
　2)　スパンが10mを超える屋根
　3)　下屋、または片流れ屋根
B)　または、屋根頂部に屋根の水平長辺寸法×5mm相当幅の開口を設ける

なお、寄棟、方形屋根の頂部の換気口面積は、切妻屋根に対する小屋裏気積の減少を考慮して下式により低減することとしている。

$$A_{req} = \frac{A_{gable} V_{actual}}{V_{gable}}$$

A_{req}　必要開口面積

A_{gable}　屋根の水平長辺寸法から定める開口面積

V_{actual}　寄棟、方形屋根の小屋裏気積

V_{gable}　切妻屋根と見なした場合の小屋裏気積

また、屋根断熱[2]の場合については、以下のように規定している

a）下葺き材が非透湿性の場合

断熱材の室内側に気密防湿層を設ける。また、下葺き材と断熱層の間に実質厚さ25mmの通気層を確保し[3]、その上下位置に開口を設ける。通気層間口長に対する相当開口幅は、下端で25mm、上端で5mmとする。

b）下葺き材が透湿性の場合

断熱材の室内側に気密防湿層が設けられ、屋根葺き材の透気性が十分高い場合は桟木スペースの換気は推奨しない。断熱材の室内側に気密防湿層を設けない場合は、a）と同様に通気層の換気を行う。

屋根葺き材の気密性が高い場合は桟木スペースの換気を行う。

【BS5250についての註】

1）下葺き材を透湿抵抗値により、Type HR（不透湿性下葺き材）、Type LR（透湿性下葺き材）に区分している。

2）英国では天井断熱方式で小屋裏換気を行う屋根をCold Roof、垂木レベルで断熱し、小屋裏空間を利用する方式の屋根をWarm Roofと呼ぶ。

3）BSには、通気層厚25mm必要としか書いていないが、下葺き材の垂れ下がり分25mmを加味すると、通気層厚は50mm必要。

4）英国の伝統的な瓦、スレート葺き構法では野地板を用いず、垂木の

上に直接フェルト（下葺き材）を敷き、桟木を打ってこの上に瓦等を施工する場合が多い。この場合、下葺き材はたるきの中間で垂れ下がる形になる。一方、スコットランドでは伝統的に野地板を用いる構法が採用されている。野地板に面材を用いて Type LR の下葺き材を施工した場合、防露設計上は Type HR 下葺き材同等と見なされる。150mm 幅のバラ板野地に 2 mm のすき間をあけると、Type LR（透湿性）の基準が適用される。

NHBC 規格における屋根換気基準の解説図

英国の有力な住宅保証保険法人である National House Building Council（英国住宅建築協会）が契約住宅の設計施工の基準と位置付けている NHBC Standard（NHBC 規格）2019年版の7.2章「勾配屋根」、7.2.15項「換気、防湿、断熱」に規定されている換気基準の内容は、上記の BS5250 と同一であるが、屋根の形状や層構成に応じた解説図の形で示されているので、下記に整理して引用する。

（１）天井断熱（Cold roof）の場合
　a.　下葺き材が Type HR（不透湿性）

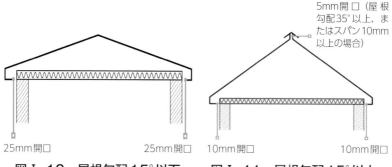

5mm開口（屋根勾配35°以上、またはスパン10mm以上の場合）

25mm開口　　25mm開口　　10mm開口　　　　　　10mm開口

図Ⅰ-10　屋根勾配15°以下　　図Ⅰ-11　屋根勾配15°以上

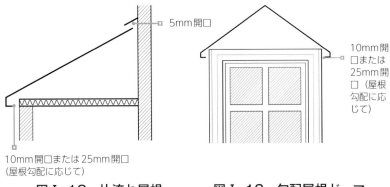

5mm開口

10mm開口または25mm開口（屋根勾配に応じて）

10mm開口または25mm開口
（屋根勾配に応じて）

図Ⅰ-12　片流れ屋根　**図Ⅰ-13　勾配屋根ドーマー**

b.　下葺き材がType LR（透湿性）

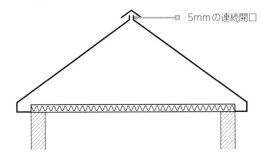

5mmの連続開口

図Ⅰ-14　透湿性下葺き材と高気密天井の組み合わせ

図の注　BS5250では、上図は天井が高気密性の場合の規定である。これ以外に、天井の気密度に応じて軒部に相当開口幅3mm、7mmの開口を設ける規定もあるが、NHBC規格には図示は無い。

（2）屋根断熱（Warm roof）の場合

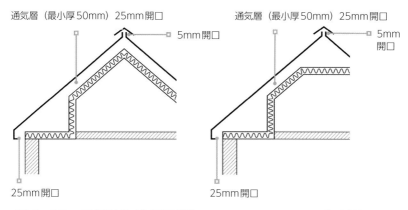

通気層（最小厚50mm）25mm開口　5mm開口
25mm開口

図Ⅰ-15　屋根断熱（勾配天井）

通気層（最小厚50mm）25mm開口　5mm開口
25mm開口

図Ⅰ-16　屋根断熱（部分勾配天井）

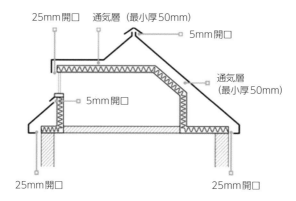

25mm開口　通気層（最小厚50mm）　5mm開口
通気層（最小厚50mm）
5mm開口
25mm開口　25mm開口

図Ⅰ-17　屋根断熱と陸屋根ドーマー

3．オーストリア（チロル）の小屋裏換気基準

写真Ⅰ-2　オーストリアの住宅　　写真Ⅰ-3　チロルエネルギー公社
"勾配屋根　新築とリフォームの
ディテールインフォメーション"

●屋根断熱時の棟部の納まり

　オーストリアの小屋裏換気基準は、具体的な厚みや長さや換気量はな
く、イラストで納まりと気流の流れを図示している。

　棟部分では、連続した棟換気が要求されている。全ての垂木の間から、
棟瓦を通して内部に侵入した湿気を外部に排出する必要がある。防湿紙
と防風紙と防水シートを兼ねる場合、一体施工が必要。

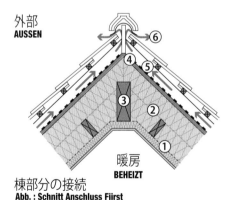

① Dampfbremse
② Zwischensparrendämmung
③ Firstpfette
④ diffusionsoffenes Unterdact
⑤ Hinterlüfungsebne
⑥ Firstentlühtung

図Ⅰ-18　棟部分の屋根断熱時の通気経路

①防湿紙　②垂木間断熱　③棟木　④透湿ルーフィング　⑤通気層
⑥棟換気

● 屋根断熱時の片流れの小屋裏換気（通気）

　屋根断熱時の片流れの小屋裏換気（通気）は、図Ⅰ-19・20・21に示している。層構成は、①ルーフィング0.7mm②野地板24mm③桟木80mm④ルーフィング0.5mm⑤野地板24mm⑥垂木240mm⑦桟木125mm⑧ベーパーバリア0.2mm⑨配管スペース50mm⑩石膏ボード15mmである。

　通気層を80mmも確保していることは、日本の一般的な住宅と比較しても2倍以上大きい。

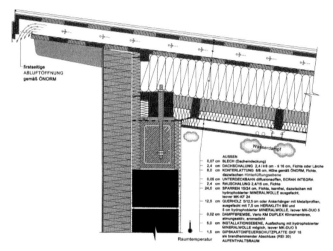

図Ⅰ-19　屋根断熱時の片流れ棟部の小屋裏換気（通気）

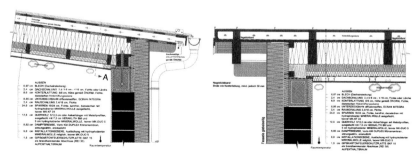

図Ⅰ-20　片流れ軒先部　　　　　図Ⅰ-21　片流れ破風部

4．カナダの小屋裏換気基準

　カナダの建築基準には全国共通のModel CodeであるNBCC（National Building Code of Canada）の他に、各州ごとのBuilding Codeがある。また、Vancouver市などのように市独自の建築基準Bylawsを定めているところもあり、どの規定を優先するかは、地方自治体が選ぶ仕組みになっている。

● National Building Code of Canada 2015の小屋裏換気基準

　NBCCのchapter9は住宅と小規模建築物の規定であり、そのSection 9.19.1 で小屋裏換気の基準が以下のように示されている。

9.19.1.2. Vent Requirements: 通気要件

１）小屋裏の有効換気口面積は、断熱された天井面積の1/300以上とする。

２）ただし、屋根勾配が1/6以下の場合、あるいは根太を用いた屋根構造の場合、有効換気口面積は断熱された天井面積の1/150以上とする。

３）換気方式は、屋根面、軒裏、妻壁、あるいはこれらのいずれかの組み合わせとし、以下のように配置するものとする：

　　a）建物の両側に均等に配置する

　　b）小屋裏空間の上部に、要求される開口面積の25%以上

　　c）小屋裏空間の底面に、要求される開口面積の25%以上

４）根太間の空間が個別に通気されている場合を除き、根太間の空間は38mm×38mm以上の胴縁を垂木上面に設置することによって、相互に連通されるものとする。

9.19.1.3. 隙間

１）断熱材の上面と野地板の間に63mm以上の隙間を設けるものとする。

２）勾配屋根と外壁の接続部において、断熱材による通気阻害防止の為、以下のように断熱材押さえを設ける。

　　a）断熱材と野地板の間に通気層厚さ25mm、かつ9.19.1.2項

の規定と同等の通気面積を確保する

　b）断熱材押さえは断熱層上面から垂直距離50mm以上伸ばす。

　3）天井断熱材は、屋根通気口、あるいは屋根裏もしくは小屋裏空間のいずれかの部分を通じた通気による空気の流れを妨げる事のない方法で設置されるものとする。

9.19.1.4. マンサード（寄棟腰折屋根）もしくはギャンブレル屋根（切妻腰折屋根）

　1）マンサードもしくはギャンブレル屋根の小屋裏の下側部分は、換気する必要はない。

　2）屋根の上側部分は、項目9.19.1.1から項目9.19.1.3までの内容に準拠する形で換気されるものとする.

● British Columbia Building Code2018（BCBC2018）の小屋裏換気基準

　British Columbia Building Code2018（BCBC2018）の小屋裏換気基準は、上位基準のNational Building Code of Canada（NBCC2015）に、いくつかの規定を追加している

（1）小屋裏湿潤防止のため、住宅と小規模建築物（Part9 Building）では、外壁通気層の小屋裏連通は不可とし、通気見切を設置し、外壁材の上端から通気経路を設け、建物外部へ排気する。これによって、屋根裏への湿気の流入を防ぎ、壁の通気量を確実に確保する。（図Ⅰ-22参照）

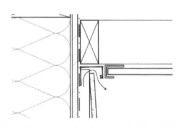

図Ⅰ-22　通気見切りを用いた壁上端の詳細図

（2）スプリンクラーのない共同住宅において共通屋根裏空間が住戸
　　2戸以上にわたって広がっている場合、軒天換気は認めない。
　　このような場合は、屋根面にlow profile roof jacks等の換気装
　　置を設置する。

図Ⅰ-23
low profile roof jacks
（薄型カバー付換気口）

写真Ⅰ-4
low profile roof jacksを
設置した住宅

5．アメリカの小屋裏換気基準

　アメリカの小屋裏換気基準には、公的な基準であるIBC（全米建築基
準）とIRC（全米住宅基準）、業界基準であるNRCA（米国屋根施工業
者協会）とARMA（アスファルトルーフィング協会）のガイドライン
がある。以前は、IBCとIRCの小屋裏基準には差があったのだが、
2018年版ではほぼ無くなっている。

　IRCは、戸建住宅、2戸建住宅（デュプレックス）、3戸建以上住宅（タ
ウンハウス）の建設を規制する包括的なコードとして作成された。IRC
の対象の建物は、3階建てに制限される。4階建ての一戸建住宅は、
IBCの範囲内になる。

　IBC、IRCのコードの特徴は、施工順に並べられているので分りや
すい。

● IBC2018およびIRC2018における小屋裏換気基準

　小屋裏および、垂木下面に直接天井を設ける場合の閉塞された垂木の
間の空間では、個々の空間に、通気開口部が必要とされている。もし、
要件を満たすことができない場合は、機械式排気ファンが必要になる。

　有効換気面積（NFVA）は、換気される空間の天井面積の1/150以

上でなければならない。ただし、下記の場合は1/300以上とすること
ができる。

1. 頂部から3フィート（915mm）以内に、換気口面積の最小40％
   最大50％の換気口が、換気される空間の上部またはその付近に
   設けられている場合。

2. 気候帯6，7，8で、天井にクラスⅠまたはⅡのベーパーリター
   ダーが取り付けられている場合

野地板と断熱材や障害物の間には、1インチ（25mm）以上の野地下
通気層を確保する。

小屋裏の換気口は、雨や雪の侵入から保護しなければいけない。また、
小動物や昆虫の侵入を防ぐために、1/16インチ（1,6mm）〜1/4イ
ンチ（6.4mm）の間の孔の防虫網を設ける

転び止めや交差ブリッジを配置する際、空気の流れを妨げないように
配置されなければならない。

写真Ⅰ-5　転び止め

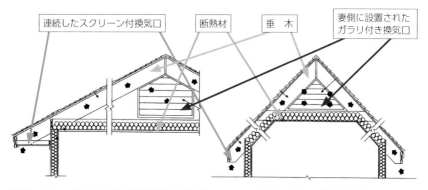

図Ⅰ-24　IBC切妻天井断熱の換気　　　図Ⅰ-25　IBC部分
　　　　　　　　　　　　　　　　　屋根裏付勾配天井屋根の換気

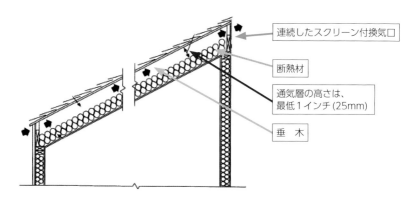

図Ⅰ-26　IBC片流れ屋根断熱の換気

● NRCA（米国屋根施工業者協会）のガイドライン

　換気面積は、天井面積の1/150が推奨される。屋根の傾斜が8：12
を超えるような大容積の小屋裏の場合、換気量を増やす検討をする必要
がある。

　IBC2012の屋根裏換気基準（換気孔面積の50-80%が小屋裏空間の
上部に設置）では、屋根裏空間にわずかな負圧が生じる可能性があり、
居室から屋根裏に空気が引き込まれる。換気の50%は上部からの棟排
気、残りの50%は軒天等からの吸気で、バランスの取れた換気にする
ことを推奨する。

日本の現在の小屋裏換気基準の問題点

1．全国同一基準

　日本の小屋裏換気基準は、日本全国同一基準である。つまり、結露リスクの高い地域と低い地域が、同じ基準であるということだ。

　「各地の小屋裏換気基準」5. で説明したが、アメリカでは、地域によって小屋裏換気基準に差がある。（IBC、IRCの1/300の緩和措置）

　日本列島は、太平洋側と日本海側のプレートが衝突し形成されたため、日本列島の中央部分は隆起して山脈がある。冬季は、その山脈に、湿気を多く含んだ季節風の偏西風が当たり、日本海側の結露リスクが高くなる。

　相対的に結露リスクの高い日本海側だが、福岡は結露リスクの低い太平洋側とよく似た気候だと言われている。福岡県全域が福岡平野に位置しており、障害となる高い山がなく、西から来た偏西風が東の瀬戸内海まで、抜けていくからである。

　それに比べて、3000m級の山々が連なる飛騨山脈の西側にあたる北陸地方には、大量の湿気が滞留し、結露リスクが高くなりやすい。このように、同じ日本海側でも地形によって差はあるが、露点の低い冬季は、日本海側盆地が結露リスクの高い地域といえる。

　地域によって、現在規定されている小屋裏換気量の約3.5倍必要という分析もある。（田坂太一ほか：換気方式を勘案した小屋裏換気口面積の要求性能に関する検討、日本建築学会学術講演梗概集近畿2014年）

2．有効開口面積

　現在、小屋裏換気孔の必要面積は、その吸排気方法によって、屋根面直下の天井面積の割合で決められている。

　しかし、換気部材の有効換気面積については、外気と接する面積なのか、ボトルネックになっている箇所の面積なのか、相当有効開口面積（αA）を用いるべきなのか、あいまいな部分を残している。

写真Ⅰ-6 相当有効開口面積（αA）の実験写真

3. 明示されていない屋根形状

　屋根の形状に応じた小屋裏換気孔の設置方法については、住宅金融支援機構の仕様書の小屋裏換気基準（本文「小屋裏換気」（P159）参照）に図示されている。しかし、この中には、寄棟と切妻と入母屋しかなく、近年増加しているにも拘らず例示されていない屋根形状もある。例えば、片流れ屋根、三方パラペット、四方パラペット、マンサード等である。

　四方パラペットの陸屋根の場合は、そもそも切妻の妻面を想定した吸排気1/300の基準が適用される。しかし、昨今亜熱帯化する日本で、雨仕舞をしながら壁面上部からこの規定の換気量を確保するには、技術的なハードルが高く、また意匠重視の建築に採用されるケースが多い陸屋根において、壁面にこの基準をクリアできるだけの換気部材を設置するのは、現実的に難しい。結局は、換気が義務付けられていない屋根断熱を採用し、劣化リスクが高い住宅を量産してしまうことになってしまう。また、換気経路の問題点としては、通気層を経由した換気経路は認められない。例えば、パラペットやルーフバルコニーの換気経路として、手すり壁の内側から通気層を通って外気へ放出する換気経路は認められない。

4. 屋根断熱構法の扱いについて

　現在、屋根断熱の比率が約40％と10年間でほぼ倍増している。それに伴い、築浅の物件での結露事故が増加している。

以下、その背景について考察する。

写真Ⅰ-7　屋根断熱の施工写真

　住宅金融支援機構の木造住宅工事仕様書の8章の小屋裏換気の規定では、屋根断熱時には小屋裏換気孔を設置しないこととしている。（図Ⅰ-27参照）

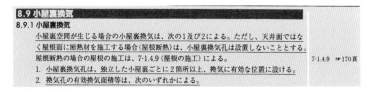

図Ⅰ-27　住宅支援機構木造住宅工事仕様書第2章8節「造作工事」
8.9.1小屋裏換気

　同機構のホームページの技術基準に関するQ&Aでは、「屋根断熱時には小屋裏換気をしてはいけない。設置する必要はありません。」という2つの表現が使われている。（図Ⅰ-28参照）

> **Q** **＜耐久性基準＞**
> **屋根断熱工法とする場合にも、小屋裏換気孔の設置は必要ですか。**
>
> Q&A番号：19026

小屋裏換気孔を設置してはいけません。
屋根断熱とする場合、天井より上の部分は室内と同じ環境（状態）となり、その部分は一般的に言う「小屋裏」ではなく、あくまでも「室内の一部」として考えることから、換気孔を設置してはいけません。

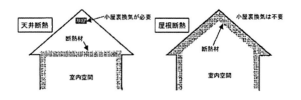

> **Q** **＜耐久性基準＞**
> **陸屋根で屋根断熱工法とし、かつ、小屋裏空間がない場合でも、小屋裏換気孔の設置は必要なのでしょうか。**
>
> Q&A番号：19027

小屋裏換気孔を設置する必要はありません。

図Ⅰ-28　住宅金融支援機構の屋根断熱時の小屋裏換気の扱いについてのＱ＆Ａ

　そもそも、小屋裏換気というのは天井断熱時の用語であり、「棟換気」「妻面換気」「軒下換気」は、いずれも「小屋裏空間の換気」を指す。一方、屋根断熱には、小屋裏空間は無いが、野地板と断熱材のあいだの空気層に外気を流通させて、野地板と断熱材の湿潤を防ぐ必要がある。

　しかし、この外気の流通は、「換気」ではなく「通気」になり、その際に設けられる軒側の吸気孔と棟側の排気孔は、「通気孔」扱いで「換気孔」にはならない。だから、小屋裏換気基準外になっていることが、野地と断熱層の間の通気も不要であるという誤解を招いている可能性がある。米国やカナダのBuilding Codeでは、天井断熱、屋根断熱の別を問わず、断熱材と野地板の間の空間を換気の対象として定めているため、この種の誤解の余地がない。

236

木造住宅工事仕様書Ⅱ章には、屋根断熱の通気に関する記述が、7節の断熱及び省エネ設備工事と、8節の造作工事の2節に見られる。

　7.1断熱工事「7.1.4.9屋根の施工」2では、断熱材外側に通気層を設けるとしているが、この通気層は地域に応じ一定の性能の防湿層を施工する場合、あるいは屋根層の透湿抵抗比が所定の条件を満たす場合に省略を認めている。

7-1.4.9 屋根の施工

2. 断熱材の外側には、通気層を設ける。ただし、次のいずれかに該当する場合は、通気層を設置しないことができる。

　イ. 1地域及び2地域以外で、防湿層にJIS A 6930（住宅用プラスチック系防湿フィルム）を用いる場合

　ロ. 1地域及び2地域以外で、防湿層が0.082m²・s・Pa/ng以上の透湿抵抗を有する場合

　ハ. 1地域及び2地域以外で、断熱層の外気側にALCパネル又はこれと同等以上の断熱性及び吸湿性を有する材料を用い、防湿層が0.019m²・s・Pa/ng以上の透湿抵抗を有する場合

　ニ. 断熱層が単一の材料で均質に施工され、透湿抵抗比が次の値以上である場合
　　（イ）1地域、2地域及び3地域は6
　　（ロ）4地域は4
　　（ハ）5地域、6地域及び7地域は3

　ホ. 建設地の地域の区分が8地域の場合

　ヘ. イからホと同等以上の結露の発生の防止に有効な措置を講ずる場合は、特記による。

**図Ⅰ-29　住宅金融支援機構木造住宅工事仕様書Ⅱ章7.1
「断熱及び省エネ設備工事」7.1.4.9屋根の施工**

　しかし、この条項においては室内側から屋根層内に浸入する水分のみが想定されており、工事中の雨がかりその他による屋根構造部の初期含水と屋根面から事故的に浸入する雨水の存在を想定すると、通気層の省略には問題が残る。実際に屋根断熱構法の木造住宅実証棟における検証において、断熱材と野地板間を換気しなかった屋根層内の区画に、工事中の雨がかりで湿潤した野地板の含水分に由来する著しい結露発生が確認されている。（第11章参照）

　次に、8節造作工事、「8.9小屋裏換気」の「屋根断熱とする場合の注

意事項」（図Ⅰ-30）を見ると、2023年版ではここに通気層の厚さ、入口と出口および途中の連通の明確化、通気層内部が断熱材で塞がれないための配慮、棟全体に換気部材を設置しない場合のたるき頂部の横方向の連通の必要性など重要なポイントが示されるようになり、旧版より詳細な記述となった。

施工方法

屋根断熱とする場合の注意事項

天井面ではなく、屋根面に断熱材を施工する場合には、小屋裏換気孔は要さないが、以下の点に注意が必要である。

(1) 屋根断熱を施しても、日射の輻射の影響を最も受けやすい空間で、室温が上昇する可能性がある。

(2) 室内湿度の最も集まりやすい空間で、屋根構成木材に対し結露による腐朽の可能性がある。

(3) 屋根内部の断熱材に、雨水や室内からの水蒸気によって結露が生ずる可能性がある。したがって、屋根内部に水分、水蒸気が滞留しないような措置を講じておく必要がある。

以上の理由から、耐久性上支障が出ないような次の措置を講じておくことが望まれる。

① 断熱材の外側には、通気層（厚さ30mm程度）を設け、必要に応じ断熱材と通気層の間に防風層を設ける（屋根断熱の場合の屋根の施工は、本章7-1.4.9(屋根の施工)、本章参考図8.9.1-2,3,4を参照）。

② 断熱材の室内側には、防湿層によって防湿層を施工する等、室内の水蒸気が屋根内部に浸入しないようにする。

③ 天井を張ることにより密閉した天井ふところがある場合には、屋根構成部材について点検が可能となるような点検口を設けておく。

④ 通気層の入口と出口を明確にし、通気層の経路に滞りがないよう連通させる。

⑤ 通気層が断熱材でふさがれないよう、特に繊維系断熱材を用いる場合には通気確保部材などを設置する。

⑥ 屋根通気層の空気の流れを滞りなくするためにはむね全体にむね換気部材を設けることが望ましいが、設計上全体に設置することができない場合は、屋根頂部の通気たる木を離すように設置し、頂部で横方向の連通を図り、むね換気部材まですべての空気が流れるよう考慮する。

図Ⅰ-30　住宅金融支援機構木造住宅工事仕様書Ⅱ章8節「造作工事」屋根断熱とする場合の注意事項

5．小屋裏換気孔の防雨性能評価について

　小屋裏換気孔を設けるときに問題となるのが、台風等の強風時の漏水問題である。天井断熱では、直接断熱材の上に雨水が吹き込むことになり、屋根断熱では、野地板、垂木と垂木間の断熱材を雨水で濡らすリスクがある。天井断熱では、小屋裏の気積が比較的大きく確保できている場合が多く、吹き込んだとしても適切な換気量が確保されていれば乾燥する可能性もあるが、屋根断熱は、気積も小さく、漏水により含水率の上がった垂木や垂木間の断熱材や野地板は、乾燥する可能性が低く劣化のリスクが高い。

　防雨性能評価試験については、従来（財）建材試験センターで行われてきたような送風散水試験が業界の基準にはなってきたが、JIS規定が

なく明確な指針がない。もう一つの試験方法として圧力箱方式がある。上部から散水をしたうえで、速度圧相当の差圧を与え、漏水実験を行う。サッシ等の水密性を測る試験とよく似ているが、こちらもJISの規定がない。防水性能を上げれば、換気量が減少するジレンマがあり、昨今の亜熱帯化による台風の大型化が、より一層この問題を複雑化している。

写真Ⅰ-8　防雨性能評価試験
（送風散水方式）

写真Ⅰ-9　防雨性能評価試験
（圧力箱方式）

 まとめ

　アメリカの換気率1/300の特例の適用条件は、IBCの2012年版では、小屋裏上部に50-80%換気口を設けること又は、ベーパーリターダーを設置している事だった。IRCの2012年版では、換気口面積の最小40%最大50%の換気口を上部に設けること又は、気候区分6・7・8の地域に限りベーパーリターダーを設置していることが条件だった。NRCAの基準は、軒と棟から50%ずつ取る事を推奨していた。このようにこれまでアメリカでは、複数の異なる基準があり、非常にややこしかった。
　しかし、2018年版では、これらの基準が同じような条件に揃った為わかりやすくなった。このように、アメリカの基準は、日本に比べて頻繁に見直しがなされている。日本の小屋裏換気基準は、アメリカに比べて見直しが少なく、地域差も盛り込まれていない。またディテールへの言及も少ない。海外諸国の基準や指針類は、イラストが多くわかりやすい。アメリカでは、1930年代から既に、現在でも通用するようなディ

テールを、図や絵で解説している。

　日本の建築基準は、建築基準法・品確法・JASS・住宅金融支援機構の仕様書等多岐にわたる。海外の建築基準は、ビルディングコードやレジデンシャルコードに集約されている。

　日本の木造住宅の小屋裏換気では、住宅金融支援機構の仕様書が、事実上の標準として運用されてきたが、あくまでも融資要件であって法律ではないので従来から現金客には適用されない等あいまいな部分が多くあった。品確法施行後は、法制化されたのだが、この2つの基準はほぼ同じとはいえ、制度設計や見直しする組織が海外のように一本化されていない。海外では、まず基本となるモデルビルディングコードを産官学で作り、地方行政庁がその地域の気象条件等を勘案し、修正を加えて法律として採用する仕組みになっており、日本と比べて行政の関わる度合いが大きくわかりやすい。

　ヨーロッパは、組積造の住宅が多く、湿潤気候も比較的少なく、また、1990年代から、野地無し・透湿ルーフィングの工法が広く普及している。北アメリカ大陸や日本と比較して劣化リスクは相対的に低い。オーストリアのビルディングコードは、具体的な寸法の規定は少なく、メーカーや業界団体の基準に従う場合もある。ヨーロッパではマイスター制度があり、工事事業者の管理制度が、ほかの国に比べてしっかりしていることが背景にあると思われる。最近では、職人不足から野地なし構法から野地あり構法に移行する動きもある。

　今回の資料取りまとめの焦点の一つは、屋根断熱構法である。当研究会の実大建物実験でも、そのリスクが如実に表れ、証明された（第11章参照）諸外国のビルディングコードでは、屋根断熱についてコード本文に詳細に記述している。それに比べると、日本の小屋裏換気基準における屋根断熱の扱いは、結露事故の抑制上十分なものとは言えない。一刻も早い対策が望まれる。

資料Ⅱ 住宅外装に用いられる金属部材の腐食事例と実験例

- 事例① モルタル外装木造住宅の土台水切の腐食事例
- 事例② 胴縁の防腐防蟻剤成分に起因する土台水切の腐食事例
- 事例③ 通気不良による結露が原因となった土台水切の腐食事例
- 他材料と接触する金属部材の腐食に関する実験例

● 事例① モルタル外装木造住宅の土台水切の腐食事例

　写真Ⅱ-1は、築2年のモルタル直張り住宅の土台水切とモルタルとの取合いに発生した錆の事例である。この物件は、築後1年で、土台水切とモルタルの取合いから錆が出現した。施主の通報によって、工務店が水切の再塗装と、水切とモルタルの取合いにシーリングを施した。しかしその半年後に再び錆が出現した。2年間で2回も錆びるのは異例だということで、(株)ハウゼコへ相談が来た。

写真Ⅱ-1　土台水切の錆
（解体前の状況）

写真Ⅱ-2　土台水切
（モルタルを解体した状況）

写真Ⅱ-3　水切立ち上がり面の腐食状況
（釘孔左はステンレス釘、右は鉄釘）

写真Ⅱ-2は、モルタルを除去して壁体内を暴露している様子である。写真Ⅱ-3は、水切の腐食状況で、鋼板の腐食現象である塗膜の割れ・膨れ・剥がれ・白錆・赤錆が顕著に見られる。原因としては、モルタルと水切の間に水分が停滞した状態でのガルバリウム鋼板めっき層の電食、およびアルミニウムを主体とするめっき層がモルタルのアルカリ分により侵食されたことが考えられる。

　写真Ⅱ-3の左側の貫通孔がステンレス釘・右側の貫通孔が鉄釘である。左側の貫通孔のまわりは、ほとんど劣化がないのに比べて、右側の鉄釘の貫通孔のまわりは、腐食の進行が著しいことがわかる。通常、ガルバリウム鋼板は、第一次防護層の塗膜、第2次防護層のアルミと亜鉛の合金メッキの犠牲防食作用で芯材の鉄を守っている。しかし、鉄くぎでガルバリウム鋼板を貫通すると、鉄くぎとめっき層が直接接触するため、電位差でまわりのめっき層が腐食し、保護作用がなくなるため、写真Ⅱ-3の右側の貫通孔まわりのような状況になったと考えられる。ちなみに現場ではこのような状況をもらい錆びと呼ぶことがあるが、「もらい錆び」は通常、ステンレス鋼板などの表面に，他種工事によって飛散した鉄粉や放置された釘が付着することによって錆が発生する現象を指す語であり、この事例の場合は接触による電食と表現するのが適切である。

　また、この事例では水切とモルタルの間に厚さ調整用の木材が挿入されていた。錆の分析の結果、硫黄や塩素化合物が検出されており、木材の防カビ剤等に由来するものと考えられる。これらの成分は腐食を促進するため、本事例のような短期間での劣化の一因となった可能性がある。参考までに、材木を防カビ処理している様子を写真Ⅱ-4に示す。

写真Ⅱ-4　防カビ処理の様子

　再塗装後の錆の発生については、モルタルと水切のすき間をシーリングで密閉したことも問題である。本来なら、経年劣化によって、水切とモルタルの隙間が開き、そこから水分が多少抜けるが、シーリングで完全に隙間を塞いでしまった為に、壁体内の初期水分や浸入雨水が抜けなくなり、劣化の進行を早めた可能性がある。通気構法であれば、直張りが原因で引き起こす様々な劣化事象も抑制することができる。本物件も、当初は通気構法で施工するべく材料搬入もされたようだ。しかし防水紙・板金、ラスモルタル、塗装と3つに分かれた職能同士の連携や、監督との意思疎通に問題があり、結果として直張りになったことが金属腐食に結び付いたようだ。

●事例②　胴縁の防腐防蟻剤成分に起因する土台水切の腐食事例

　事例2は、横張サイディングの長手方向の継ぎ目のシール位置ごとにガルバリウム鋼板製土台水切に錆が出た事例である。築1年で施主からの通報により発覚した。一旦錆を除去し、その上から再塗装をし補修したが、しばらくすると又赤錆が発生したため、(株)ハウゼコに相談された案件である。

写真Ⅱ-5 サイディング目地シール部に発生した土台水切の錆

　錆の発生メカニズムは、サイディングのシールのすき間から裏面に浸入した雨水が、銅系の防腐剤で処理された下地の胴縁に染み込み、その成分を含んだ水が直下の土台水切に滴下することにより、防腐剤の銅イオンとガルバリウム鋼板のアルミニウムと亜鉛の合金めっき層間で電食（本文「電食」参照）が起こったというものだ（写真Ⅱ-5参照）。

　このような場合、補修方法としては、電位差の少ないステンレス製の土台水切でカバー水切を設置すれば、電食は防止できる。ただし、既存の水切との電食の危険性があるため、必ずテープを貼り、絶縁しなければいけない。

●事例③　通気不良による結露が原因となった土台水切の腐食事例

　この事例も、電食により土台水切から錆が発生した事例だが、このケースは、漏水ではなく、通気層内の結露水が原因と考えられる。

　写真Ⅱ-6は土台水切の東南角部分だが、向かって左側の南側では錆が発生していない。東側のみ発生している。実は外壁内の結露は、東側で起こりやすい現象である。冬季の早朝、まだ冷えたままの東壁面に日射が当たることにより外装面が熱せられるが、内部は冷えたままである。そこで、外装材や下地材から放出された水分が通気層内の水蒸気圧を高め、冷えたままの通気層の内側で結露が生じるリスクが高くなる。

写真Ⅱ-6　右側が錆が発生した東面。左側は錆びていない南面

　南側や西側の壁面は、日射が当たる頃には、内部も温まっているので、温度差はつきにくい。だが、東側壁面は、特に周囲に遮蔽物がなく、夜間に放射冷却が起こりやすい場合、夜間の冷え込みがきつい日に結露リスクが高くなる。

　解体時に測定した胴縁の含水率は60％程度あり（写真Ⅱ-7）、流下水が腐食発生の原因となったことを裏付けている。防腐防蟻剤処理胴縁はもともと現場搬入時の含水率が高いものが多く、この初期水分が結露発生の要因になった可能性がある。また、本事例では通気層上端部がバックアップ材で塞がれていたこと（写真Ⅱ-8）が結露を助長したとも考えられる。

写真Ⅱ-7　胴縁の含水率60.8％

写真Ⅱ-8　通気層上端の閉塞状況

●他材料と接触する金属部材の腐食に関する実験例

　以上に紹介した３つの事例から、ガルバリウム鋼板製土台水切の腐食要因をまとめると、「1. モルタルのアルカリによる劣化」「2. 鉄釘との

接触による電食」「3. 防腐剤に含まれる銅との電食」「4. 塩素化合物・硫黄等の化学物質による腐食促進」の4つになる。

　これらのうち、1～3の要因を取り上げたガルバリウム鋼板製金属部材の腐食実験結果を紹介する。

（1）湿式外壁用土台水切の腐食に関する実験[1]

　モルタルのアルカリによる劣化について、複合サイクル試験（JISH8502-99）を実施した（写真Ⅱ-9）。同じ塗装グレードの白色、黒色のガルバリウム鋼板とモルタルを直接接触させ、テープによる絶縁とくぎの有無で比較評価した。実験結果（表Ⅱ-1）から、「1. 絶縁は効果がある」「2. 白色鋼板より黒色鋼板の耐食性が高い」「3. 釘の有無では、少しの差ではあるが、釘のないほうが腐食が少ない」ということがわかった。

表Ⅱ-1　試験結果

GL カラー鋼板	黒色		60 サイクル	120 サイクル	180 サイクル
No.1 テープ A	くぎ無		○	○	△
No.2 テープ B	くぎ無		○	○	○
No.3 テープ無	くぎ無		○	△	△
No.4 テープ A	くぎ有		○	○	△
No.5 テープ B	くぎ有		○	○	△
No.6 テープ無	くぎ有		○	△	△
GL カラー鋼板	白色		60 サイクル	120 サイクル	180 サイクル
No.7 テープ A	くぎ無		○	○	△
No.8 テープ B	くぎ無		○	△	×
No.9 テープ無	くぎ無		○	×	×
No.10 テープ A	くぎ有		○	△	×
No.11 テープ B	くぎ有		○	△	×
No.12 テープ無	くぎ有		○	×	×

写真Ⅱ-9　複合サイクル試験

　同じ塗装グレードのガルバリウム鋼板における白色（写真Ⅱ-10）と黒色（写真Ⅱ-11）の性能差は、樹脂含有量の違いによるものと推測される。淡色は、ベースメタルの上に塗布されているプライマーをマスキングするために、多くの塗料成分が必要になる。そして残りの成分である樹脂等の割合が低くなり、耐食性が悪くなる傾向がみられる。濃色は、その反対で、少ない塗料成分でマスキングできるため、残りの樹脂等の成分割合が高くなり、耐食性が良くなる傾向にある。同じ塗装グ

レードの鋼板でも、色による性能差があることに注意する必要がある。

写真Ⅱ-10　白色鋼板の試験結果　写真Ⅱ-11　黒色鋼板の実験結果

（2）裏面が下地材料と接触するガルバリウム鋼板の耐食性に関する実験[2]

　金属製屋根材が下地木材に直接施工される状況を想定して、ガルバリウム鋼板裏面に防腐処理胴縁を接触させ、促進試験を実施した。結果は、下記写真の通りである。胴縁の無処理材（写真Ⅱ-12）・ホウ素系防腐処理材（写真Ⅱ-13）・銅系防腐処理材（写真Ⅱ-14）による腐食の差が出た。これらの結果から、金属製屋根材裏面が銅系防腐処理木部に接触する場合の対策としては、「1. 通気をとり、電食に不可欠な水分の供給を抑える」「2. テープ等で絶縁処理をする」「3. 銅との電位差の少ないステンレスを使う」の3つが挙げられる。また、土台水切の場合は、絶縁を施した専用部材（写真Ⅱ-15）を使うことが、劣化リスクを低くすることになる。

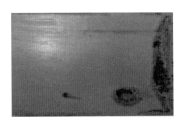 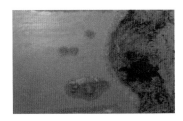

写真Ⅱ-12　防腐処理無　　写真Ⅱ-13　ホウ素系防腐処理
　　　（軽微劣化）　　　　　　　（劣化有）

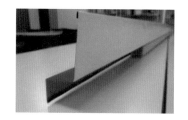

写真Ⅱ-14　銅系防腐処理
（著しい劣化）

写真Ⅱ-15　立ち上がり裏面に
絶縁した土台水切

参考文献

1）神戸睦史、石川廣三他：湿式外壁用土台水切の腐食に関する一実験、日本建築学会大会梗概集，2013年度

2）神戸睦史、石川廣三：下地木材と接触する金属製屋根葺き板の耐食性に関する実験、日本建築学会大会梗概集，2014年度

改訂増補版の刊行によせて

　本書は2019年の初版発行以来、好評をいただき、読者層も一般建築の設計、研究・企画・開発、調査・検査業務に携わる方々などを含め、当初想定した範囲を越えて広がっています。また、2021年からは、本会が創設した「住宅外皮マイスター」資格制度において、本書の第Ⅱ巻と共に研修用のテキストとしての重要な位置づけも加わりました。

　今般、再度の増刷を機に内容の見直しを行い、長持ち住宅の実現と外皮の関わりにおける重要なポイントで、これまで必ずしも十分でなかった部分を書き加えるとともに、法基準類の改定や研究の進展に合わせた修正を行っています。具体的には以下の通りです。

- 「防火対策」について、新たに章を設け、不燃と耐火の基礎概念、法規、火災事例、住宅外皮各部の防火対策、防火仕様と性能評価等に関わるキーワードについて解説を加えた。基本的に外皮の隙間を極力少なくして火熱を遮断する防火の考え方と、耐久性確保のために外気との換気、通気を促進する考え方には相いれない面があり、この意味で防火対策の基本を正しく理解することは耐久性の観点からも極めて重要である。
- 近年の気象災害の激甚化を踏まえて、第2章「長持ち住宅のデザインを考える」に防災に関わるキーワードを加え、住宅外皮で主要な問題となる強風被害と地震被害の基礎知識について解説した。
- 第3章「法規との関連」について、条文の引用を増やし、キーワードに宅建業法を加えた。
- 資料Ⅰ「小屋裏換気」について、基準類の改定と最近の本会での研究成果を踏まえ、修正と追記を行った。
- その他、一部の語句の修正と図版の差し替えを行った。

　本書が引き続き耐久性の高い家づくりの一助となり、日本の住宅の長寿命化のために役割を果たすことを願っています。

　　2023年10月
　　　　一般社団法人住まいの屋根換気壁通気研究会理事長　神戸睦史

執筆者一覧 （五十音順）

石川　廣三
東海大学名誉教授　工学博士
一般社団法人住まいの屋根換気壁通気研究会理事

岩前　篤
近畿大学副学長　博士（工学）
一般社団法人住まいの屋根換気壁通気研究会理事

宇都　正行
株式会社栄住産業
代表取締役

大西　祥史
株式会社ハウゼコ
商品開発部部長

長村　貞治
株式会社ミサワホーム総合研究所
テクノロジーセンター　材料・耐久研究室主任研究員

神戸　睦史
株式会社ハウゼコ代表取締役社長
一般社団法人住まいの屋根換気壁通気研究会理事長

坂本　雄三
東京大学名誉教授　工学博士
一般社団法人住まいの屋根換気壁通気研究会理事

西山　祐幸
住まいのリスク研究所
代表

藤井　義久
京都大学名誉教授
公益社団法人日本木材保存協会会長

松尾　和也
株式会社松尾設計室　代表
一般社団法人住まいの屋根換気壁通気研究会理事

水上　点睛
国立研究開発法人建築研究所
主任研究員

宮村　雅史
国土交通省　国土技術政策総合研究所
建築研究部　構造基準研究室

What's a Building Envelope Meister?

ご存知ですか？住宅外皮マイスターを！

一社) 住まいの屋根換気壁通気研究会が認定する耐久性の最上位資格です。

住宅外皮マイスターとは、木造住宅の屋根、外壁、バルコニー、基礎および床下を含む外皮構造とその必要性能に関する十分な基礎知識を有し、住宅外皮の性能確保、劣化抑制、基準適合に活用する能力を備える者（現在 248 名が活躍中）

第二回（2023 年）住宅外皮マイスター資格試験合格者の皆さん

第一回（2022 年）住宅外皮マイスター資格試験合格者の皆さん

日本の住宅の劣化事故例

● 屋根野地の真菌事故

● 三方パラペット内部の結露事故

住宅外皮マイスター合格者の集いでは耐久性先進国カナダからビルディングエンベロープエンジニア KIMI ITO 氏による資格の重要性についてメッセージが届けられました。

カナダで体系化された建築外皮分野「ビルディングエンベロープ」

1980 年から 2000 年にかけてカナダ・ブリティッシュコロンビア州の沿岸地域で大規模な雨漏り欠陥住宅問題 リーキーコンドクライシス が起きました。この事件をきっかけにカナダでは法整備が行われ、「ビルディングエンベロープ」という建築外皮分野の体系化を促しました。

日本におけるビルディングエンベロープの制度化の必要性

最近のトレンドであるキューブ型、軒ゼロ、片流れ等の住宅デザイン、また、高気密・高断熱設計の住宅が増加している現状に加え、四季の寒暖差が激しく、集中豪雨が頻繁に起きる日本では耐久性向上のために、雨漏りや結露を防ぎ、小屋裏や壁体内の換気・通気措置をどのように考えるかが重要なテーマとなります。木造住宅の住宅外皮の性能確保、劣化抑制、基準適合の能力を持つ人材を育成することが重要です。日本におけるビルディングエンベロープの技術職能の確立、それが「住宅外皮マイスター資格制度」の目標です。

一般社団法人 住まいの屋根換気壁通気研究会 の取り組み

木造住宅における屋根換気・壁通気による外皮の耐久性向上に関する研究をテーマとして 2014 年 10 月に設立された一般社団法人住まいの屋根換気壁通気研究会は、2018 年 2 月、カナダのビルディングエンベロープの実際を学ぶためにカナダ北米ツアーを行い、外皮設計の第一人者グラハム・フィンチ氏、KIMI ITO 氏のセミナーを受講し認識を深めました。

一般社団法人 住まいの屋根換気壁通気研究会

〒542-0081 大阪府大阪市中央区南船場 2-10-28 NK ビル 6F info@sumaikanki.jp

《改訂増補版》

住まいの耐久性 大百科事典 I

2023年11月30日　初版第1刷発行

編　者　一般社団法人 住まいの屋根換気壁通気研究会
発行所　株式会社カナリアコミュニケーションズ
　　　　〒141-0031　東京都品川区西五反田1丁目17-1
　　　　第2東栄ビル703号室

　　　　Tel. 03 (5436) 9701　　　Fax. 03 (4332) 2342
印刷所　株式会社クリード

編　集　株式会社オフィス福永
デザイン　Do Planning

© 2023 hauseco Inc. Printed in Japan
ISBN978-4-7782-0517-1

第1章
開口部
取り合い部
　屋根と外壁との取り合い
　外壁と開口部の取り合い
　バルコニー床面と出入口の取り合い
　手すり壁が外壁と当たる部分
第2章 屋根構造の基礎知識
軒
けらば
棟
谷
下屋
ドーマー
パラペット
すがる部
棟違い部
壁止まり軒部
破風板
鼻隠し
軒天井
屋根突出物
第3章 外壁・バルコニー構造の基礎知識
湿式仕上げ・乾式仕上げ
サイディング
ラスモルタル
外壁塗装
リフォーム塗装
サッシ
出隅・入隅
独立柱
独立化粧梁
幕板
小径部材貫通部
ルーフバルコニー
手すり壁

第4章 屋根の部材と耐久性のポイント
瓦
スレート
金属板
野地合板
下葺き
アスファルトルーフィング・改質アスファルトルーフィング
透湿ルーフィング
雨樋
天窓
第5章 外壁の部材と耐久性のポイント
構造用面材
透湿防水シート
アスファルトフェルト・改質アスファルトフェルト
防湿フィルム
ステープル
シーリング材
プライマー
第6章 バルコニーの部材と耐久性のポイント
笠木
ルーフドレン
オーバーフロー管
鞍掛けシート
後付けバルコニー
第7章 納まり部の部材と耐久性のポイント
水切り
雨押さえ
軒先水切り
唐草
けらば水切り
棟包み
土台水切り
ねこ土台（基礎用パッキン）
ロングスターター
目地ジョイナー・ハットジョイナー
先張り防水シート
防水テープ
伸長（張）性防水テープ

第8章 換気・通気用の部材と耐久性のポイント
通気胴縁
換気棟
通気見切り
笠木下換気部材
第9章 住宅外皮の不具合と早期劣化はどう防ぐ？
木造住宅の外皮に発生する不具合
不具合が起きる仕組み
住宅デザインで気を付けたいポイント
第10章 耐久性向上への取り組み（その2）
熱湿気同時移動シミュレーションの活用
屋根通気層空間内の湿度分布
資料Ⅰ「外壁の水分」に関わる
　　ニュージーランドの建築基準
外皮構造の雨水浸入リスク評価に基づく
建築基準適合判定の実践例
資料Ⅱ 住宅の外皮の不具合事例
・屋根の不具合
事例1 雨水浸入（片流れ屋根棟部からの漏水）
事例2 雨水浸入（天窓と瓦屋根取り合い部からの漏水）
事例3 雨水浸入（再塗装したスレート屋根）
事例4 結露（屋根断熱の通気層）
事例5 結露（天井断熱野地板裏面）
事例6 強風による損傷（金属板葺き屋根）
事例7 強風による損傷（瓦葺き屋根）
事例8 霙害（瓦屋根層）
事例9 変形（窯業系サイディング）
事例7 変色（防火紙）
事例8 劣化（シーリング目地）
事例9 汚れ（窯業系サイディング）
事例10 凍害（窯業系サイディング一般部）
事例11 凍害（窯業系サイディングサイディング開口部まわり）
事例12 凍害（窯業系サイディング下端取り合い部）
・バルコニー・パラペットの不具合
事例1 雨漏り（パラペット笠木）
事例2 結露と劣化（パラペット内部）
事例3 劣化（バルコニー手すり壁サイディング）
・木部の劣化
事例1 腐朽（外壁軸組部材）
事例2 腐朽（床組部材）
事例3 シロアリ被害（床下）
事例4 シロアリ被害（外壁、上階床）
事例5 シロアリ被害（基礎断熱）

資料Ⅲ 換気・通気部材
・性能・仕様
●性能
●仕様
・設置位置と種類
●換気棟部材
●換気塔
●屋根面換気部材
●外壁上部換気部材
●軒天井換気部材
●軒先換気部材
●外壁laC材換気部材
●笠木下換気部材
●床下換気部材
●コラム　通気と換気、エネと結露、そと白、壁笏と緒笏
事例9 変色（スレート屋根）
事例10 変色（シングル屋根）
事例11 変色（粘土瓦）
事例12 腐食（折板屋根）
事例13 腐食（ステンレス鋼板）
事例14 腐食（銅板谷板）
事例15 凍害（粘土瓦）
事例16 凍害（化粧スレート）
・壁の不具合
事例1 雨水浸入（バルコニー掃き出しサッシまわり）
事例2 雨水浸入（外壁−サッシ取り合い部）
事例3 雨水浸入（サッシ上枠）
事例4 結露（外壁通気層）
事例5 ひび割れ（モルタル外壁サッシまわり）

定価　2640円（税込）
ページ数　228ページ

カナリアコミュニケーションズの書籍のご案内

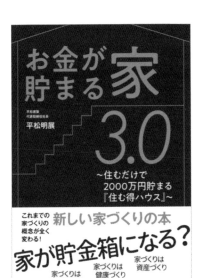

お金が貯まる家 3.0

平松 明展 著
2021年5月発刊/定価1,650円（本体＋税10%）
ISBN：978-4-7782-0475-4

これまでの家づくりの概念が全く変わる新しい家づくりの本が、この『お金が貯まる家3.0』です。著者は、磐田市の平松建築、代表取締役社長の平松明展氏。氏は、ただ漠然と家を建てるのではなく、住むことで健康になる、さらには資産形成もできる、という家づくりを提案しています。これからの時代、使い捨ての家づくりではなく、住む人が幸せになる新しい家づくりを提案する、これから家を建てたいと考えている人に必携の1冊です。

問題だらけの日本の不動産
～サーキュラリアルエステートの時代へ～

近藤 良一 著
2022年3月発刊/定価1,540円（本体＋税10%）
ISBN：978-4-7782-0488-4

不動産政策を大きく変えなければ、日本の衰退は止まらない！

長年、不動産業界に身を置いてきた著者が発する日本への警鐘。

日本の不動産業界の未来を拓く1冊です！！